让青少年受益一生的历史知识

褚泽泰　编著

北京出版集团
北京出版社

图书在版编目(CIP)数据

让青少年受益一生的历史知识 / 褚泽泰编著. — 北京 : 北京出版社, 2014. 1

(传家 · 知识)

ISBN 978 - 7 - 200 - 10267 - 3

Ⅰ. ①让… Ⅱ. ①褚… Ⅲ. ①世界史—青年读物②世界史—少年读物 Ⅳ. ①K109

中国版本图书馆 CIP 数据核字(2013)第 280988 号

传家 · 知识

让青少年受益一生的历史知识

RANG QING-SHAONIAN SHOUYI YISHENG DE LISHI ZHISHI

褚泽泰　编著

*

北京出版集团 出版
北京出版社

(北京北三环中路 6 号)

邮政编码: 100120

网　址: www . bph . com . cn

北京出版集团总发行

新华书店经销

三河市同力彩印有限公司印刷

*

787 毫米 × 1092 毫米　16 开本　12 印张　170 千字

2014 年 1 月第 1 版　2023 年 2 月第 4 次印刷

ISBN 978 - 7 - 200 - 10267 - 3

定价: 32.00 元

如有印装质量问题, 由本社负责调换

质量监督电话: 010 - 58572393

责任编辑电话: 010 - 58572775

前 言

历史是一幅恢宏壮阔的画卷，是一部气势磅礴的史诗。源远流长的历史，博大精深的文化，是中华民族永远的骄傲，更是中华民族伟大复兴的内在动力。

对于历史的价值，唐代史学家刘知几说得十分精彩："史之为用，其利甚博，乃生人之急务，为国家之要道，有国有家者，其可缺之哉？"古往今来的有志之士无不注重从历史中汲取营养，从历史的兴衰演进中体会生存智慧，从历史人物的叱咤风云中感悟人生真谛。作为中华儿女，了解中国过去所发生的大事，体味中国几千年的文化传统，是一件很有意义的事。

《让青少年受益一生的历史知识》是一本专为中国青少年量身定做的历史知识书。本书以知识性为出发点，将中华民族的历史划分为史前、先秦、春秋战国、秦汉、三国两晋南北朝、隋唐五代十国、宋、辽西夏金元、明清、中华民国、中华人民共和国11个阶段，提纲挈领地介绍了每个时期的历史事件，书中所涉及的每个知识点都经过精挑细选，都是生活中人们比较感兴趣、能开拓视野的常识。

本书内容简明扼要，涵盖了青少年成长过程中不可或缺的历史知识精华，是一本旨在令读者以最清晰的思路、最轻松的阅读方式在最短的时间内掌握中华上下五千年历史的通俗读物。本书既方便读者阅读，又容易被掌握，实是一本集普及性读物与工具性读物于一身的著作，真正体现了速查、速用、速理解的实用性特点。读者既可以把它当成浓缩历史常用知识的精粹，也可以把它当作平时查阅知识点的工具书，在中华文化的胆识、智慧与韵香中，传承几千年来国士无双的中华精神。

目　录

第一篇

史前时期：混沌初开

盘古开天地

相传盘古生于天地混沌之中，那时候轻而清的气往上浮，变成了天，重而浊的气往下沉，变成了地。天每天都会高出一丈，地每天都会加厚一丈，盘古担心天和地还会合在一起，便用手撑起天，用脚踏着地，也以每天一丈的速度长高，天地间随着盘古的长高而变得更加开阔。就这样过了18000年，巨人盘古倒下了。盘古死后，他的身体发生了巨大的变化。他的左眼变成了太阳，右眼变成了月亮，头发、胡子变成了星星，嘴里最后呼出的气变成了风和雾，声音变成了隆隆雷声，身上的肌肤变成了土地，四肢变成了连绵不绝的山脉，血液变成了汪洋的江河。从此，天上有了日月星辰，地上有了山川树木。

女娲造人补天

传说天神女娲是人首蛇身。她用泥土照着自己的样子捏出许多小人，然后朝着那些小泥人吹口气便造出了最初的人类。女娲想让人们遍布广阔的大地，于是她甩动蘸上泥浆的藤条，泥点掉落在地上也变成了人，大大加快了造人的速度。

女娲还将人分成男女，教他们配成夫妻，繁衍后代。因此，女娲被尊为人类的始祖。就这样，女娲的儿女们在大地上幸福美满地生活着。

有一年，水神共工和火神祝融打仗，水神将撑天的大柱撞断了，天上出现一个巨大的窟窿，天河之水不断地流下来，遍布整个大地。女娲不忍人类受灾，便到黄河边挑选了许多五彩缤纷的石头，把它们放在熔炉里熔化，再用这些熔化了的液体把天上的洞补起来。经过九天九夜，天空终于被补好了，天放晴了，天边出现了五色云霞。

有巢氏构土为巢

传说有巢氏是巢居的发明者。远古时代，飞禽走兽很多，人类数量较少，势单力薄，常常成为禽兽虫蛇攻击的对象。后来，有位圣人出来，教人们在大树枝杈间构木为巢，居住在树上，躲避猛兽的侵袭。随着时间的推移，他又教会人们用灌木的树干（类似藤条，有弹性）编成篱笆防卫居室，用坚韧结实的野草编织成厚草席帘覆盖在屋顶上防风雨。这个圣人被人们称为“有巢氏”。

燧人氏钻木取火

传说燧人氏是人工取火的发明者，而他被后世称为三皇之一。远古人“茹毛饮血”对肠胃造成了很大损害，很多人得了肠胃疾病得不到有效的治疗，便不幸去世了。燧人氏教人们使用燧石击打或钻木取火，用火烧烤猎物的骨肉，不仅味美，而且更利于消化和吸收。燧人氏的传说，反映了中国原始时代人类从利用和保存自然火种进步到人工取火的漫长历史演进过程。

神农尝百草

传说神农炎帝是牛首人身，居于姜水（今陕西岐山一带）。那个时候人们还不会种植粮食，而且得了病没地方医治，生活十分艰苦。后来部落首领神农氏见大家靠吃兽肉饮生水度日，便到处寻找可以果腹的植物。他的精神感动了上天，得到神灵的帮助，天降种子，供他种植。他用木制作耒耜，教民农业生产。

在找谷种的过程中，神农中毒又解毒，从而发现了草木的药性。他还用红褐色的鞭子鞭打百草，尽知其平毒寒温之性味，又教人们认识了植物药。这个传说反映了远古时代农业生产的发展状况。

仓颉造字

相传仓颉是黄帝的史官，他用祖传的结绳记事的办法替黄帝记载史实。他根据鸟兽在大地上留下的足迹，创造了最早的文字。相传仓颉造字时，天上落下粟米，鬼神在夜里号哭。这个传说说明仓颉造字在历史上是惊天地泣鬼神的一个壮举。

黄帝大战蚩尤

黄帝是远古时期的部落首领，大约在4600余年前，黄帝部族联合炎帝部族，与蚩尤部族在今河北涿鹿一带进行了一场大战。黄帝战蚩尤又称涿鹿之战，据说蚩尤联合其他部落，用武力击败了炎帝部族，并进而占据了炎帝部族居住的“九隅”，即“九州”。炎帝向黄帝求援。黄帝同蚩尤在涿鹿地区接触后，蚩尤部族倚仗人多势众、武器优良等条件，向黄帝部族发起攻击。黄帝利用所处地理位置的优势，在河流上筑土坝蓄水，阻挡蚩尤部族的进攻，最终以胜利而告终。

尧

相传为父系氏族公社后期部落联盟首领，上古帝王。帝喾之子，原封于唐，又称唐尧。相传尧继帝位时21岁（一说16岁），以平阳（今山西临汾）为都城，以火德为帝，人称赤帝。他性格仁慈，年轻有为，当上天下共主，也不因此而骄横傲慢。他勤于政事，生活俭朴，绝不浪费百姓的一分一毫。尧在位期间还设官分职，制定历法，命鲧治理洪水。晚年禅位于舜，创禅让之制。

舜

相传为父系氏族公社后期虞部落联盟首领。姚姓，名重华，号有虞氏，又称虞舜。生于姚油（今山西永济），以孝闻名。相传舜家境贫寒，经历坎坷，父亲瞽叟是个盲人，母亲很早便去世了。瞽叟续娶，继母生弟名叫象。舜生活在“父顽、母嚣、弟傲”的家庭环境里，父亲心术不正，继母两面三刀，傲慢无礼，几个人串通一气，欲置舜于死地；然而舜对父母不失子道，十分孝顺，对弟弟十分友善，多年如一日，没有丝毫懈怠。舜在家里人要加害于他的时候，及时逃避；情况稍有好转，马上又回到他们身边，尽可能给予帮助。身世如此不幸，环境如此恶劣，舜却能表现出非凡的品德，这是他在传说故事中独具特色的一个方面。他于尧的晚年，代尧摄政，除鲧、共工、驩兜和三苗“四凶”。他于尧死后登位，以蒲坂（今山西永济西）为都。他在年老时举荐治理洪水有功的禹为嗣。后南巡，死于苍梧之野（今湖南宁远南），葬于九嶷（宁远东南）。

大禹治水

禹，通常尊称为大禹，与尧、舜并为传说中的古圣王。大禹姓姒，号文命，山西人，生于公元前 2277 年，卒于公元前 2213 年，享年 64 岁。

传说中，禹的家世比较显赫，“黄帝之玄孙而帝颛顼之孙也”，既是贵胄，其家又世为大臣。禹父是治水无功的鲧，于帝尧的时代登用，帝舜时被放逐。禹于舜时为司空，其主要工作是治水，接续其父未竟的事业。他汲取其父以筑堤坝围堵洪水的失败教训，以疏导方法平水治土，发展农业，历时 13 年，三过家门而不入，终于成功，成为中国治水者的圣人。

氏族社会

氏族公社是原始社会以生产资料公有制为基础、以血缘纽带和血统世系相联结的社会组织形式，曾普遍存在于世界各地的原始社会中，是人类社会发展的必经阶段。氏族公社产生于旧石器时代晚期，基本贯穿于新石器时代始终。

氏族社会初期，以母系血缘为纽带，即母权制，称母系氏族社会。大约在新石器时代末期，逐渐过渡到以父系血缘为纽带，即父权制，称父系氏族社会。氏族内部生产资料公有，实行集体生产，劳动成果平均分配；公共事务由选举产生的氏族首领管理，遇有氏族内外的重大问题，则由氏族成员会议决定；氏族社会时期实行族外婚制，内部禁止通婚。随着金属工具的使用，社会生产力得到较快的发展，劳动效率提高，又出现剩余的劳动产品，私有制随之产生。财产私有导致氏族内部贫富分化，进而演变为对立，阶层逐渐形成，氏族亦随之解体。

大汶口文化

大汶口文化是新石器时代后期父系氏族社会的典型文化形态。以泰山地区为中心，东起黄海之滨，西到鲁西平原东部，北至渤海南岸，南及今江苏淮北一带，安徽和河南也有少部分这类遗存的发现。因首先发现于大汶口，人们遂把以大汶口遗址为代表的文化遗存命名为“大汶口文化”。大汶口文化的发现，使黄河下游原始文化的历史，由4000多年前的龙山文化向前推进了2000多年。在大汶口文化的后期墓葬中出现了夫妻合葬和夫妻带小孩的合葬，它标志着只知其母不知其父的母系社会的结束，开始或已经进入父系氏族社会。

大汶口文化的遗存十分丰富。经考古发现有墓葬、房址、窖坑等，墓葬以仰卧伸直葬为主。有普遍随葬獐牙的风习，有的还随葬猪头、猪骨以象征财富。出土的生活用具主要有鼎、豆、壶、罐、钵、盘、杯等器皿，分为彩陶、红陶、白陶、灰陶、黑陶几种，特别是彩陶器皿，花纹精细匀称，几何形图案规整。生产工具有石斧、石锛、石凿和磨制骨器，骨针磨制十分精细，体现了极高的制作技术。大汶口文化的发现为山东地区的龙山文化找到了渊源，也是研究父系氏族时期社会状况的重要文化遗存。

河姆渡文化

河姆渡文化是中国长江流域下游地区古老而多姿的新石器文化，第一次发现于浙江余姚河姆渡，因而得名。它主要分布在杭州湾南岸的宁绍平原及舟山岛，是长江下游以南一种较早的新石器时代母系氏族文化。河姆渡文化的社会经济是以稻作农业为主，兼营畜牧、采集和渔猎。

在河姆渡文化遗址中发现了大量稻谷、谷壳等遗存，其时间约在7000年以前，还有其他动植物的遗存，这证明当时的社会经济已经比较活跃。这一时期人们的居住地已经形成大小各异的村落。在村落遗址中有许多房屋建筑基址，其建筑形式和结构与中原地区和长江中游地区发现的史前房屋有着明显的不同。其生活用器以陶器为主，陶盆上印有稻穗的图案，此外有少量的木器。

图腾崇拜

图腾崇拜曾普遍存在于我国古代和世界各地，在近代某些部落和民族中仍可找到其踪影。“图腾”是印第安语的译音，意为“他的亲族”。图腾信仰认为人与某种动植物或非生物有着特殊的关系，每个氏族都起源于某种图腾，该种图腾是该氏族的源头、保护神，也是该氏族的象征和徽号，并且以各种形式表露出来。

麒麟的由来

早在周代就出现了麒麟的传说。当时，麒麟和凤、龙、龟并称为“四灵”。汉代的麒麟形象与现在的鹿相似，头上有独角，角上长肉球。《毛诗正义》中说：“麟，麇身，马足，牛尾黄毛，圆蹄；角端有肉。”与龙、凤一样，麒麟是综合化了的图腾。实际上，麒麟这种怪兽并不存在，它只是人们幻想中的“灵物”。封建统治者为了满足政治上的需要，总是诡言麒麟出现，借此歌颂所谓的“盛世”。

最古老的乐器：骨笛

骨笛是笛子的一种，也是最早的乐器，又称鹰笛或鹰骨笛，常用于独奏。

1987 年在河南舞阳县北的贾湖新石器时代遗址出土了一批契刻符号的甲骨，这比以往发现的西安半坡陶器上的刻画符号要早一两千年。同时，还出土了一些骨笛，均系猛禽的骨骼制成。其中一件七孔骨笛，经测试，音阶具备，仍可吹奏出旋律。这是我国发现的最古的乐器，在世界上也是罕见的。

第二篇

先秦时期：探寻祖先的足迹

第一章　夏朝（约前2070—前1600年）

“家天下”

禹品德高尚，治水有功，深得百姓的拥护。舜去世后，禹正式成为部落联盟的领袖，这就是夏朝的开始。夏朝是我国历史上第一个朝代，大禹是夏朝的第一个国君。等到禹死后，启凭借权势杀死继承人伯益，夺取了天下。夏启也就成为中国历史上由“禅让制”变为“世袭制”的第一人。从此，中国历史上出现了以“子承父位”为特征的“家天下”制度。这一制度在中国实行了3900多年，直到1911年清王朝被推翻为止。

少康中兴

夏启的儿子太康继承王位后，昏庸无能，东夷部落的首领后羿起兵夺取了政权。后来，后羿又被手下寒浞取而代之。太康的孙子少康长大后，在有虞氏的支持下，招抚夏朝的遗民旧部，壮大自己的势力，终于打败了寒浞，恢复了夏朝，史称“少康中兴”。

夏桀亡国

夏桀是夏朝最后一个君主。他荒淫残暴，不理国事，并且搜刮民脂民膏，尽情享乐，弄得天下百姓苦不堪言、怨声载道。大臣关龙逄曾多次劝谏夏桀，却为夏桀所杀。最后，夏桀因暴政而亡国。

夏启——第一个奴隶制国家的建立者

启，史称夏启，生卒年不详，夏禹子，禹病死后继位。在位 9 年后病死，葬于安邑附近（今山西省夏县西池下村里）。启也是中国历史上第一个奴隶制国家夏朝的建立者，或讳称“开”。启即位后，攻杀有扈氏，诛杀了武观，巩固了统治地位。

中国最早的历书——《夏小正》

《夏小正》是中国现存最早的历书。《夏小正》中所用的月份是“夏历”的月份，把一年分为 12 个月，对每个月的物候、气象、天文、农事、田猎以及相关的农事活动都有比较详细的记载。因为《夏小正》中所记载的历法是与农业生产的季节变化密切相关的，为农民安排各个季节的农事提供了重要依据，所以人们又把夏历叫作“农历”（俗称阴历），现在我们每年过的春节就是夏历年的第一天。

第二章　商朝（前 1600—前 1046 年）

商汤灭夏

商部落发展到商汤时，已十分强大。夏朝末期，夏王桀大兴土木，奢侈淫逸，征伐邻国，残害异己，横征暴敛，怨声四起。大臣关龙逄曾多次劝谏夏桀，最后却为夏桀所杀。商汤于部族内布德施惠、轻赋薄敛、扶困救穷，周边部族都归顺他，百姓也亲附他。他又任用伊尹、仲虺为左右相，伊尹为奴隶出身，深知人民疾苦，为相后行改革，安定社会。此后商汤入据中原，先击败韦、顾等邦国，后又击败昆吾，并于鸣条（今河南封丘东）与夏军决战。夏桀大败，南窜于南巢（今安徽巢湖附近）而死，夏朝灭亡。

盘庚迁殷

汤建立商朝时，定都于亳（今河南商丘）。商朝因政治动乱和水患等原因，多次迁都。至公元前 14 世纪，第 20 代王盘庚将都城自奄（今山东曲阜）迁于殷（今河南安阳小屯村一带），这是第四次迁都。盘庚迁都时对臣民训诰，继续行汤之政，使百姓安定，商朝复兴，故商朝又被称为殷朝、殷商。

武丁中兴

盘庚把都城迁至殷以后，商朝的政治、经济和文化都有很大的进步，武丁临政时商王朝发展到最强盛时期。武丁是商朝的第 23 帝，是商代后期功业最盛的君主。武丁在位共 59 年，统治时期商朝的政治、经济、文化都得到空前的发展，达到极盛时期，史称“武丁中兴”。武丁是盘庚之弟小乙之子。武丁继位后，先为父守丧 3 年。亲政后，勤于政事，取得了上层人士的支持。他任用贤才，从普通劳动者中得到贤人傅说，任为国相，还任用甘盘为大臣。武丁以傅说和甘盘二人“接天下之政，治天下之民”，力求巩固统治，增强国力。在其统治获得巩固的基础上，武丁对其周围的方国进行了一系列战争，为商王朝的疆域奠定了基础。

比干剖心

历史上商纣王是个荒淫无度的暴君。他在早期也曾攻克东夷，开发东南，对历史的发展有一定的功绩，然而，他即位后生活奢华腐化，荒淫残暴到了极点，使商朝笼罩在一片乌烟瘴气中。纣王的叔叔比干见他如此荒淫残忍，实在忍耐不住了，决心拼死劝谏。他历数纣王的种种过错，纣王听了大怒，就下令将自己的叔父比干推出去杀了，并将他的心取出来。后世，人们常常把忠臣直言进谏而反遭杀害的事概括为“比干剖心”。对昏君而言，是讽刺；对忠臣而言，是褒扬。

人祭和人殉

商朝的社会是由贵族、平民和奴隶构成的。奴隶处在社会的最底层。据殷商甲骨文和金文记载，奴隶有隶、臣、妾、奚等分别，战俘和宗族灭亡者是奴隶的主要来源。贵族不仅无偿占有奴隶的劳动，而且可以随意地施以杀戮。最为典型的杀戮就是杀人祭祀和活人殉葬。商王和贵族在祭祀天帝、祖先、鬼神和山川河流的时候，除了宰杀猪、牛、羊等牲畜，还经常屠杀战俘和奴隶。此外，统治者死后都要用活人殉葬，少的为一两个人，多的有数十人或数百人，他们企图在所谓的“阴间”继续奴役这些奴隶为其服务。人祭和人殉在整个商朝都非常普遍，数量之多，手段之残忍，令人发指。

甲骨文

甲骨文是商周时期刻在龟甲兽骨上的文字，又叫“契文”“卜辞”“龟甲文字”“殷墟文字”。最早出土于河南安阳小屯村的殷墟，1899 年被学者王懿荣首次发现，清末孙诒让著《契文举例》，开始对甲骨文加以解释。1928 年后经多次发掘，先后出土 10 余万片。这些文字都是商朝利用龟甲兽骨占卜吉凶时写下的卜辞和与占卜有关的记事文字，为盘庚迁殷到纣亡 200 多年间的遗物，是研究商朝社会历史的重要资料。现已发现的甲骨文单字在 4500 字左右，可认别的约 1700 字。

商代的占卜

商代人已经有初步的宗教观念。他们崇拜上帝，崇拜山川风云等自然物，还认为到处都有鬼魂的存在。所以，在日常生活和管理国家事务时，无论大事小事都通过占卜定吉凶。占卜时先烧灼甲骨，再看甲骨上的裂纹，并根据裂纹的走向和排列结构来判断事情的吉凶与成败，并且要把吉凶情况刻在甲骨上，以备日后查看是否应验。

青铜器与“司母戊”大方鼎

青铜是铜和锡的合金，它的冶铸始于夏代，发展于商代，完善于西周春秋。这种合金颜色发青，故将用它制成的器物叫青铜器。夏、商、周三代的青铜器有两类：一类是兵器和生产工具；另一类是以青铜制成的各种礼器、彝器。

1939 年在河南安阳武官村出土的司母戊鼎是迄今出土的最大的青铜器。该鼎呈长方形，有四足，通高 133 厘米，长 110 厘米，重量达 875 公斤。鼎腹内有铭文“司母戊”三字，说明是商王为祭祀其母戊而作。在 3000 多年前的商代要铸造这样的庞然大物确非易事，它充分反映了商代铸造业的高度发展水平。

残忍的刑罚——炮烙之刑

商纣王在位时，其残暴的统治激起了民众的反抗。为了镇压反抗者，纣王与宠妃妲己谋划实施炮烙之刑。在铜柱上涂上油脂，放在烈火中烧红，迫使犯人抱柱而上，犯人四肢被烧焦，跌落火中而死。纣王则以观看行刑为乐。

勾股定理的发现

勾股定理，即直角三角形中夹直角两边的平方和，等于直角的对边的平方。这是几何学中最重要的一条定理，用途很广。据《九章算术》记载，勾股定理是距今3000多年前周朝的商高发现的，汉代赵爽对此作过注释，因此，在我国勾股定理又称“商高定理”。在西方国家，勾股定理又叫作“毕达哥拉斯定理”，但毕达哥拉斯发现这一定理的时间远比我国商高为迟。

内外服制度

内外服制度是商朝的主要政治制度。内服是指商人本族的活动区域，外服则是臣服于商朝的方国，商朝与各方国由此形成支配与被支配的关系。其实，商王对方国的实际控制力有限，各方国基本保持原有的社会状态，且有很大的自主权，有的方国还经常与商处于战争状态。因此商王朝是靠军事实力维持的朝代，是不稳固的。

商王朝的职官也因此分为在中朝任职的内服官和被封于王畿以外的外服官。内服官是真正受商王控制的官职，而外服官主要由方国内部人员担任。

第三章　西周（前1046—前771年）

文王访贤

周朝建立以前，周族出了个著名领袖——姬昌，也就是周文王。周文王是个很有作为的政治家，他重视农业发展，征收贡赋也很有节制，因此受到周国百姓的爱戴。商王朝的统治者纣很不得人心。文王决心把自己的国家治理好，以便有朝一日推翻商朝。为了找到一个能够辅佐自己的人才，文王到处访求物色。姜尚（字子牙）满腹治国安邦的才华，却英雄无用武之地，一生贫困潦倒。当他听说周文王广求贤人的消息后，便天天到渭水边钓鱼，希望有机会见到文王。果然，有一次文王打猎来到渭水岸边，与姜尚一见如故，并把这个老人称为“太公望”。从此姜尚辅佐周文王把周国建设得一天比一天强大。周文王病死后，姜太公又辅佐文王的儿子周武王灭掉了商。

武王伐纣

周武王姬发即位后，拜精通兵法的太公望为师，以其兄弟周公旦和召公为太公望的助手，励精图治，加强军备，为讨伐商纣王做好准备。周武王得知纣王早已众叛亲离，于是率领5万精兵，于公元前1046年与八百诸侯在盟津会师，举行誓师大会，并讨纣王。周武王讨纣大军所向披靡，很快就打到了距离朝歌仅70里的牧野。双方在牧野（今河南淇县南）大战，因商军阵前倒戈，引导周军攻入商都，纣王兵败，逃回朝歌，自焚身亡，商朝灭亡。武王建立了周朝。

周公摄政

周公名姬旦，周文王之子，周武王之弟，周初政治家。灭掉商朝的第二年，周武王病死，新君即位，是为周成王。由于成王年幼，武王的弟弟周公旦摄政称王。“摄政”的事引起内部的争权斗争，管叔和蔡叔也乘机散布流言，煽动叛乱。周公派兵镇压，杀了管叔，放逐了蔡叔，取得了斗争的初步胜利。这时候，武庚见有机可乘，勾结殷东部地区的徐淮夷，包括东夷各族一起反叛，图谋恢复殷商。周公亲自率师东征，攻克殷地，平定了叛乱，稳定了周王朝的统治。为了实现周武王的遗志，周公又在执政5年间以大量殷朝遗民营造洛邑，经过两年时间，建成东都成周，派成周八师驻守，并把商人强制迁来，以便监视。这里就成了周人控制东方的中心。到了第七年，周公见天下大局安定，便归政于成王，自己留守成周。

成康之治

西周初年，周公以雄才大略平定东方各族的叛乱，建设东都洛邑作为统治天下的中心，同时制礼作乐，以礼乐文明来教化民众，并对继任君王进行教诲，希望他们明德慎罚，励精图治。因此到成王、康王时期，出现天下安定、繁荣昌盛的大好局面，史称“成康之治”。

国人暴动

周厉王任用荣夷公为卿士，实行“专利”政策，又命令卫巫“监谤”，禁止国人谈论国事，违者杀戮。在高压政策下，国人“道路以目”。召公虎规谏厉王，但监谤更甚，国人忍无可忍，于公元前841年举行暴动，攻入王宫，国王仓皇逃奔彘。公元前828年，国王死于彘（今山西霍州市东北）。这一事件史称“国人暴动”。

共和行政

西周厉王残暴昏庸，在公元前841年被国人驱逐。厉王流亡于彘（今山西霍州东北），由大臣召穆公、周定公主持政事，称为共和行政。另外一种说法是厉王被逐后由共伯和执政，故称“共和行政”。共和元年为中国历史有确切纪年之始。共和十四年（前828年），厉王死，太子静被拥立，是为周宣王，共和行政结束。

宣王中兴

周宣王姬静继承王位之后，在周定公和召穆公两位大臣的辅佐下，重修文王、武王、成王、康王时的礼法，整顿内政，外攘四夷，使周王室的统治秩序暂时稳定下来，西周的社会生产稍有复苏，史称“宣王中兴”。

烽火戏诸侯

西周的周幽王不仅残暴昏庸，而且迷恋女色，其性命和国家都丧于他所宠幸的美人褒姒之手。为博褒姒一笑，周幽王下令点燃为召集诸侯勤王而设的烽火台，诸侯带兵过来之后发现被戏弄了。

公元前771年，宜臼的外祖父申侯联合西戎兵攻打镐京，幽王下令点燃烽火，由于曾多次被戏弄，各路诸侯已不再相信，所以并未派兵救援。西戎兵很快攻破镐京，杀死幽王和伯服，抢走了美貌的褒姒。西周因此灭亡。

井田制

井田制是我国奴隶社会的土地国有制度，盛行于西周时期。那时，道路和渠道纵横交错，把土地分隔成方块，形状像“井”字，因此称作“井田”。井田属周王所有，分配给奴隶主使用。奴隶主不得买卖和转让井田，还要交一定的贡赋。奴隶主强迫奴隶集体耕种井田，无偿占有奴隶的劳动成果。随着春秋后期土地私有制的出现，井田制逐渐瓦解。

分封制

西周的诸侯在自己的封国内，把大部分土地分封给属下的卿大夫作为“采邑”，卿大夫再把“采邑”的土地分封给属下的士作为“食地”。这就是西周的分封制。这一制度自周建国之始就开始施行，但大规模的分封是在武王克商以后和周公摄政期间。相传周初先后分封了71国，姬姓独占53个，其中鲁、卫、晋、齐、燕等诸侯国最为重要。经过分封，西周的疆域比商代大有拓展，各方诸侯都以周天子为天下之主，形成“封建亲戚，以藩屏周”的统治格局，在此基础上形成的王权相对前朝更为集中，这对巩固统治起到了积极的作用。

周礼

周朝建立了一套完整的礼乐制度，将上自天子、下至庶人的各种封建宗法制度合法化、礼仪化，以便平衡权利的分配制度。周代的社会道德规范统称为“礼”，在举行礼仪活动时，常常歌舞相伴。相传西周的礼乐是由周公制定的。周公对以前的礼乐进行了加工和改造，成为“周礼”。周礼分为五礼：吉礼，用于各种祭祀活动；凶礼，用于丧葬和哀吊各种灾祸；宾礼，用于诸侯朝见天子；军礼，用于军事和相关的领域；嘉礼，用于各种吉庆的活动，包括饮食、婚冠、宴享等。在《仪礼》中记载的具体的礼仪，则有士冠礼、士婚礼、乡饮酒礼、燕礼、聘礼、士丧礼等，名目极为繁细。周代的礼乐主要通行于士和士以上的贵族阶层，天子用以约束贵族的行为，明确他们之间的尊卑关系，而对下层人民则以刑罚治之，所以说“刑不上大夫，礼不下庶人”。

六艺

六艺是指《诗》《书》《礼》《乐》《易》《春秋》六种儒家经书。其中的《乐》已散失，其余五部典籍与《论语》《大学》《中庸》《孟子》这四部儒家经典并称为“四书五经”。

第三篇

春秋战国：争雄称霸的时代

第一章　春秋（前770—前476年）

周平王东迁

西周末年，周幽王立褒姒为后，以其子伯服为嗣，废申后和太子宜臼，宜臼逃至申国。周幽王十一年（前771年），申后之父申侯遂联合缯国和犬戎伐周，杀幽王于骊山下，西周覆灭。申侯、鲁侯、许文公等诸侯拥立宜臼为王，是为平王。次年，因镐京及王畿遭战争破坏，平王得晋、郑、秦和其他诸侯之助，遂东迁于洛邑（今洛阳），以避戎寇。至此，周王朝政治中心东移。周平王重建的周朝，史称东周。

春秋五霸

东周末年，先后出现5个大国诸侯，包括齐桓公、宋襄公、晋文公、秦穆公、楚庄王，历史上把他们称作“春秋五霸”。还有一些历史学家认为，“春秋五霸”是齐桓公、晋文公、楚庄王、吴王阖闾、越王勾践。

齐鲁长勺之战

长勺之战发生于周庄王十三年，齐桓公二年，鲁庄公十年（前684年）。公元前684年，齐军攻打鲁国。面对齐强鲁弱的形势，鲁庄公准备迎战。鲁人曹刿面见庄公，劝其按兵不动，取信于民，找准时机再图反击。齐、鲁两军在长勺交战，曹刿与鲁庄公同坐一辆兵车，把握战机，一举击溃齐军。鲁庄公问曹刿用的什么战术，曹刿回答说："夫战，勇气也，一鼓作气，再而衰，三而竭，彼竭我盈，故克之。夫大国，难测也，惧有伏焉，吾视其辙乱，望其旗靡，故逐之。"长勺之战因此成为历史上以少胜多、以弱胜强的著名战例。

晋楚城濮之战

公元前634年，鲁国因和曹、卫两国结盟，几度遭到齐国的进攻，便向楚国请求援助。而当时被迫屈服于楚的宋国转而依附晋国。楚国为了维持自己在中原的优势地位，便出兵攻打齐、宋；晋国为争夺中原霸权，以救宋为名，出兵中原。晋文公在公元前632年率军渡过黄河，攻打曹、以诱楚军。楚军不为所动，依然全力攻宋。晋文公施用"退避三舍"的妙计，最后双方在城濮（今山东鄄城西南）展开了一场大规模车战。楚军在实力上占有优势，但是由于晋军善于"伐谋""伐交"，并在战役指导上采取了扬长避短、后发制人的正确方针，最终击败楚军，雄霸中原。

秦晋崤之战

秦穆公当上秦国国君之后，秦国逐渐强大起来，图谋东进，力图在中原地区建立霸权，但是遇到了晋国的阻挡。公元前628年，秦穆公得知郑、晋两国国君新丧，不听大臣劝阻，执意越过晋境偷袭郑国。秦派孟明视等率军出袭郑国，次年春越过晋国南境，抵达滑（今河南偃师东南）。郑国商人弦高与秦军途中相遇，机警的弦高一面冒充郑国使者犒劳秦军，一面派人回国报信。孟明视以为郑国有备，于是决定返回。晋国为维护自身的利益，决心打击泰国，于是派大将先轸率军秘密赶至崤山，并联络当地姜戎埋伏于隘道两侧。秦军在回师途中遭到晋军和姜戎的夹击，身陷隘道，进退不能，全部被歼灭。第二年秦穆公亲率大军渡河焚舟要与晋军决战，晋军避而不出。秦穆公到了崤之战的战场，祭奠阵亡的将士，然后回师。

鲁国“初税亩”

鲁国在宣公十五年（前594年）实行的按亩征税的田赋制度，是承认私有土地合法化的开始。

春秋时期，由于牛耕和铁农具的普及和应用，农业生产力水平提高，大量的荒地被开垦后，成为贵族的私有财产；同时贵族之间通过转让、互相劫夺、赏赐等途径转化的私有土地也急剧增加。实行“初税亩”田赋制度之前，鲁国实行按井田征收田赋的制度，私田不向国家纳税，因此国家财政收入占全部农业产量的比重不断下降。鲁国实行初税亩制度，即履亩而税，按田亩征税，不分公田、私田，凡占有土地者均按土地面积纳税，税率为产量的10%。初税亩的实行增加了财政收入，适应和促进了新生的封建土地占有关系。

吴越争霸

春秋中期晋楚争霸时，吴的国力也日渐强大。吴王阖闾采纳楚国逃亡之臣伍子胥的建议，向楚国发动了连续的进攻，五战五胜。公元前496年，越王勾践即位，吴王阖闾攻打越国，结果大败，阖闾受伤而死。其子夫差继位，立志要为父复仇。公元前494年，吴国打败了越国，越国宣告投降。吴国乘胜北上征服中原诸国，俨然以霸主自居。越国降吴以后，越王勾践卧薪尝胆，进行了长期的复仇准备工作。公元前482年，吴国北上会盟，内部空虚，越国乘机大举伐吴，经过近十年的激烈战争，最终打败了吴国，吴王夫差自杀，越国也北上会盟诸侯，号称霸主。吴越争霸已经是春秋争霸的尾声，战国七雄混战的局面即将来临。

百家争鸣

百家争鸣是指春秋（前770—前476年）战国（前475—前221年）时期知识分子中不同学派的涌现及各流派争芳斗艳的局面。《汉书·艺文志》将战国主要思想学派分为10家——儒、墨、道、法、阴阳、名、纵横、杂、兵、小说。西汉人刘歆在《七略·诸子略》中将小说家去掉，称为“九流”。所谓“十家九流”就是从这里来的。“百家争鸣”反映了当时社会激烈和复杂的政治斗争，主要是新兴地主阶级和没落奴隶主之间的斗争。这个时期的文化思想奠定了整个封建时代文化的基础，对中国古代文化有着非常深刻的影响。

高山流水遇知音

伯牙是春秋时期著名的弹琴高手。一天，伯牙弹琴，钟子期在旁边听。当琴曲如高山般激昂时，钟子期赞道：“弹得真好啊，就像那巍巍群山。”不一会儿，琴声如流水般细缓，钟子期又赞道：“弹得真好啊，就像那潺潺流水。”于是，伯牙和子期成为知音。后来，钟子期不幸去世，伯牙万分悲痛，他砸烂了自己心爱的琴，决定从此不再弹琴。

春秋无义战

春秋时期，周王室日渐衰弱，一些较大的诸侯国开始争霸称雄。齐桓公乘机提出“尊王攘夷”的口号，经过多年征战，最终成为春秋时期的第一个霸主。齐桓公死后，齐国渐趋衰落，随着晋国的强大，晋文公成为春秋的第二个霸主。楚庄王继位后，北上与中原各国争雄，于公元前597年灭郑，成为春秋的第三个霸主。后来，吴王夫差在战胜越国、齐国、晋国后终于称霸中原。之后越王勾践卧薪尝胆，终于灭掉了吴国，成为春秋最后一个霸主。春秋时代展开的大国争霸战争，其最终目的是代替周室并夺取其对各国的统治权，实际是兼并掠夺战争另一种形式的发展。这就是所谓“春秋无义战”的原因。

第二章　战国（前475—前221年）

三家分晋

春秋后期，新兴势力与旧势力的斗争在晋国激烈展开。韩、赵、魏、知、范、中行氏六家都是晋的新兴势力，但他们在改革旧体制方面的做法不同，故六家的发展趋势和结果也各异。如在亩制改革方面，韩、赵、魏三家最彻底，知氏次之。周敬王二十七年（前493年），范氏、中行氏与郑国等联合，与赵、韩、魏三家在铁（今河南濮阳附近）交战。赵鞅阵前誓师时宣布：鼓励军功，庶人、工商业者以上可依军功受赐田、赐爵；奴隶身份的臣、隶、圉等，也可依军功获得自由人身份。这一措施深得民众支持，结果一战击败范氏、中行氏。周贞定王十六年（前453年），韩、赵、魏三家再联合攻灭知氏，分别占据晋之中部、北部和南部地区，成为晋国的实际统治者。晋君只保有绛和曲沃两地。周威烈王二十三年（前403年），周王正式承认韩、赵、魏三家为诸侯，晋国名存实亡。至周安王二十五年（前377年），韩、赵、魏伐灭晋侯，三分其地，最终完成三家分晋的历史过程。

战国七雄

战国时期的 7 个大国，即齐、秦、燕、楚、韩、赵、魏。除秦国在函谷关以西，其余六国均在函谷关以东。七国为争夺中原霸权，连年征战。后秦国兼并东方六国，完成统一大业。

商鞅变法

战国初期，秦国地处西陲，政治、经济、文化落后，被中原诸侯视为戎狄。秦孝公任用商鞅于公元前 356 年到公元前 350 年先后两次推行变法。其主要内容包括：废除井田制，允许人们开荒，土地可以自由买卖，从法律上确立了封建的土地私有制；奖耕战、奖军功，制定军功爵制；实行重农抑商政策，限制工商业发展，促进小农经济繁荣，巩固封建经济基础。且规定男子成年必须与父母分居，以利增加赋税收入；实行县制，共建 31 县，县设令、丞，均由中央委派，掌管全县政务；编制户口，建立什、伍连坐制；统一度量衡。现存的“商鞅量”，就是当时颁行的一件标准量器。商鞅变法加速了秦国的封建化，剥夺了奴隶主贵族的特权，巩固了新兴地主阶级的政权，推动了封建经济的发展，使秦国走上了富国强兵的道路。

围魏救赵

战国时，魏将庞涓率军围攻赵国都城邯郸。赵求救于齐，齐王命田忌、孙膑率军救援。孙膑认为魏军主力在赵国，内部兵力空虚，就带兵攻打魏国都城大梁。魏军不得不从邯郸撤军，回救本国，路经桂陵要隘，又遭齐兵截击，几乎全军覆没。这个典故是指采用包抄敌人的后方来迫使他撤兵的战术。

合纵与连横

战国七雄中，秦国最强大，不断出兵进攻邻近的国家。纵横家提出齐、楚、赵、韩、燕、魏六国联合抗秦的主张，意思是六国联合起来，共同抵抗秦国。因为这六个国家都在秦国以东，纵贯南北叫作“纵”，所以人们把这种联合称为“合纵”。跟“合纵”相对的一种说法是“连横”。意思是说，秦国太强大了，只有依赖秦国，与他联盟，对付其他国家，才能取得胜利。因为秦国位于西方，其他六个国家在东方，从东到西叫作“横”，所以人们把这种主张称为“连横”。当时，提倡“合纵连横”最有名的纵横家是苏秦和张仪。

荆轲刺秦王

公元前228年，荆轲奉燕国太子丹之命，带着将军樊於期的人头和割让城池的地图前去刺杀秦王，以解亡国之危。荆轲到了秦国的朝堂上，捧着装有樊於期头颅的木匣上前，献给秦王政。秦王政打开木匣，看里面果然装着樊於期的头颅。于是他叫荆轲把地图拿来。荆轲把一卷地图慢慢打开，到地图全都打开时，事先藏在地图里的浸毒匕首露了出来。荆轲抓起匕首向秦王刺去却没有刺中，秦王政情急之下便往外跑。荆轲追了上来，两个人绕着柱子转起圈来。秦王政的医官急中生智，把手里的药袋向荆轲扔了过去。荆轲一闪身的工夫，秦王政往前一步，拔出宝剑，砍断了荆轲的左腿。这时候，武士一拥而上，杀死了荆轲。

长平之战

公元前262年，秦将白起伐韩，韩上党郡守联赵抗秦。赵孝成王命廉颇率兵进驻长平（今山西高平西北）抵御。公元前260年，赵王中了秦国的反间计，罢免廉颇，以赵括为将。赵括只会纸上谈兵，没有实战经验，盲目出击，被秦军包围。赵军40万人皆降，白起仅将幼弱者240多人放归报信，余皆坑杀。赵国主力丧失殆尽，从此一蹶不振。

邯郸之围

公元前259年，秦军于长平之战后乘胜包围了赵国的都城邯郸，历时两年未能攻下。赵国向诸侯求救，魏王派将军晋鄙率10万大军援赵，但是惧怕秦国的战争威胁而中途不敢前进。公元前257年，魏国的公子信陵君无忌为了救赵，想方设法盗出魏王调兵的虎符，到晋鄙军中假传王命，夺得兵权，挑选8万精兵，驰援救赵。魏军和邯郸城里的赵军内外呼应，秦军大败，邯郸之围解除。此次失利对于秦国的实力并没有根本的影响，赵国虽然暂时转危为安，但长平一战损失太大，从此无力与秦国相抗衡。

田氏伐齐

田氏伐齐是指战国初年齐国大夫田氏夺取政权建立田氏齐国的事件。齐景公时，大夫田桓子以大斗出货，小斗收进，笼络民心，民归之如流。公元前489年，田乞为相，专齐政。公元前476年，田常割齐地自安平（今山东淄博东北）至琅玡（今山东胶南西南）为封邑，到此时，齐政皆归田氏。公元前386年，周天子立田和为齐侯，列于周室。不久，齐康公卒，姜齐亡，田氏遂有齐国。

浪漫主义的经典之作——《楚辞》

《楚辞》是楚人屈原及其门徒宋玉等人所撰，其中尤以屈原的作品艺术成就高，影响也最大。代表作品有《离骚》《九歌》《天问》《九章》《招魂》等，其中《离骚》价值最高，是中国古典文学中最长的抒情诗。诗作表现出他对国家和人民的一片深情，具有很强的浪漫主义色彩，文情并茂，传唱千古，代表了战国后期文学创作的最高水平。

先秦诸子散文

在百家争鸣的时代里，诸子百家著书立说，宣扬自己的观点，由此带来了春秋战国时期诸子散文的繁荣。其发展过程可以分为三个阶段：一为春秋末年到战国初年，代表作品为《论语》（语录体）、《老子》（格言体）、《墨子》（专论体）；二为战国中期，代表作品为《孟子》和《庄子》；三为战国末期，以《荀子》和《韩非子》为代表，《荀子》一书，浑厚缜密，设喻说理，已经从语录体和对话体发展成为颇具体系的专题论文。先秦诸子散文铸就了中国散文发展的黄金时代，对后世文学的发展影响至深。

先秦历史散文

早在西周时期，周王室和各诸侯国已经有自己的国史。到了春秋战国时期，历史散文的创作繁荣起来。《左传》《国语》和《战国策》就是其中的代表，其中《战国策》的文学成就极高。它以人物的活动为中心来记载史实，策士之间的相互辩难极尽夸张，铺张扬厉，而他们对于形势的判断和利弊的分析周密准确，深刻入理。先秦历史散文的创作表现出文学性不断增强、史学的严格性有所削弱的特征。

战国四公子

孟尝君，齐公子，田婴子，名文，字孟，封于尝邑，故号孟尝君。任魏相，曾支持齐、燕、韩、赵、魏五国攻秦，受到苏秦的称赞。还曾联合燕、赵攻齐。

信陵君，魏公子，封于信陵，称信陵君，连横抗秦之著名人士，有食客三千人。

平原君，赵公子，赵惠文王之弟，名赵胜，封于东武城，号平原君，养士三千人。

春申君，名黄歇。其先祖受封于黄，其后乃以黄为姓。楚公子，为楚相20余年。“虽名相国，其实王也。”有门客三千人。

二十八宿图

是我国古代天文图，于曾侯乙墓中发现。盖面以黑漆打底，中心篆书象征北斗的“斗”字，四周环绕着二十八宿星名，左右两端用红漆绘以白虎、青龙，其位置与古文献所载四象划分大体一致。这是我国迄今发现的记有二十八宿全部名称，并与北斗、四象相配的最早天文实物资料。

“重农抑商”思想

“重农抑商”是贯穿我国整个封建专制时代的重要思想政策，萌发于春秋，成熟于战国，延及以后历代，是中央专制集权政治的配套措施。其“重农”之农，包括小农及以小农为基础的农业经济，目的是稳定国家兵源、财源（赋税）与社会经济基础；其“抑商”之商，指的是商品经济与资本市场，在抑制商人资本对破产小农的盘剥、兼并的表层下，包含防止政权对立面或异己力量出现的根本目的。

第四篇

秦汉：大一统时代的帝国风云

第一章　秦朝（前221—前206年）

秦灭六国

秦王嬴政亲政之后，凭借强大的国力，平定内乱，加强集权，并开始了统一天下的进程。从公元前230年消灭韩国开始到公元前221年灭亡齐国结束，秦国在短短10年间结束了近500年的割据混战局面，完成了统一大业，建立起中国历史上第一个中央集权的统一国家。

蒙恬出击匈奴

公元前215年，秦始皇命大将蒙恬率领30万大军向北出击匈奴。第二年，秦军击退匈奴，夺取了黄河南边的大片地区。秦始皇就在当地设置了九原郡，派获罪被贬的犯人去戍守。当时蒙恬驻守上郡（今陕西榆林南），匈奴头领单于只好率众北迁。

焚书坑儒

“焚书”和“坑儒”是秦始皇为加强思想控制巩固专制统治而制造的两起重大事件。公元前213年，秦统治集团内部围绕分封问题发生激烈争论。秦始皇采纳丞相李斯的建议，禁止私学，发布焚书令。所焚之书包括秦统一前的列国史记和民间所藏的《诗》《书》、百家语。秦国史记、博士官所藏的图书和民间所藏医药、卜筮等技艺之书则不在焚烧之列。同时宣布，有敢再谈论《诗》《书》者处死，以古非今者灭族。次年，又因方士卢生等在背后讥刺秦始皇滥用刑罚，秦始皇下令穷究，受到株连的400余名儒生均被活埋。“焚书坑儒”体现了秦政的暴虐，给中国古代思想文化的发展造成了极大损失。

陈胜、吴广起义

公元前209年七月，900名士兵被征发到渔阳屯戍。适逢大雨，他们滞留在大泽乡，不能如期赶到渔阳戍地，按秦律“失期当斩”。为了死中求生，他们在农民出身，在戍卒中担任屯长的陈胜、吴广的领导下发动起义，这是中国历史上第一次大规模的农民起义。陈胜、吴广率领起义军首先攻下了大泽乡和蕲县，接着向西北挺进，到达陈（今河南淮阳）的时候，已经是一支拥有战车六七百乘、骑兵千余人、步兵数万人的强大队伍。起义军在这里建立了政权，国号张楚，陈胜自立为张楚王，吴广为假王。在他们的影响之下，许多郡县的农民杀掉当地的守令，响应起义，声势一度十分浩大。后来，起义被秦将章邯镇压。

巨鹿之战

陈胜、吴广牺牲后，项梁立楚怀王之孙为王，仍称楚怀王。公元前208年，秦将章邯率兵围巨鹿（今河北平乡县西南），楚怀王命宋义、项羽等率反秦义军援救，途中项羽杀宋义代之。次年，项羽率全军渡漳河，命士卒带三日粮，破釜沉舟，以决一死战。与秦军九战，大破之，遂解巨鹿之围，迫使章邯投降。巨鹿之战后秦军主力丧失殆尽，刘邦没有遭遇秦军主力，率军挺进关中，推翻秦朝。巨鹿之战是中国古代战争史上以少胜多的著名战例。

楚汉相争

公元前206年，秦王朝被推翻后，项羽自立为西楚霸王，都彭城（今徐州），划地分封诸侯王，刘邦被封为汉王。后刘邦乘项羽征讨齐地之机，决策东向，占据关中，并迅速占领西楚根据地彭城。项羽回师反击，大败刘邦。刘邦经过休整，联络各地反对项羽的力量，与项羽在荥阳、成皋一带相持，又派韩信攻占魏、赵、燕、齐等地。项羽腹背受敌，于公元前203年与刘邦约定以鸿沟为界，东属楚，西属汉。次年，刘邦乘项羽撤兵，全力追击，并约韩信、彭越合围。项羽败退至垓下，自杀于乌江，楚汉战争结束。刘邦称帝，建立汉朝。

鸿门宴

公元前206年，项羽率领40万大军攻进函谷关，直抵新丰、鸿门（今陕西临潼东北）驻扎下来。刘邦军队的驻地灞上仅在40里之外。项羽决定次日攻打刘邦。项羽的叔父项伯是刘邦手下谋士张良的好友，项伯怕打起仗来张良会丧命，就连夜私自到刘邦军营找到张良，告诉他大战在即，让他赶快逃命。

张良不但没有自己逃命，反而把这一重要情报报告了刘邦。刘邦听了，恐惧地问："这可怎么办呢?"张良说："你可请项伯帮忙，让他在项王面前替你求情。"于是，刘邦摆上酒席，热情招待项伯。为了进一步讨好项伯，刘邦还提出两人结为儿女亲家。项伯答应了，并对刘邦说："明天一大早你要亲自来给项王赔礼。"

第二天，刘邦带领张良、樊哙和100多名随从到鸿门拜见项羽。鸿门宴上虽不乏美酒佳肴，却暗藏杀机，项羽的亚父范增主张杀掉刘邦，在酒宴上一再示意项羽发令，但项羽犹豫不决，默然不应。范增召项庄舞剑为酒宴助兴，打算趁机杀掉刘邦，项伯为保护刘邦，也拔剑起舞以掩护刘邦。在危急关头，刘邦部下樊哙带剑拥盾闯入酒席，怒目直视项羽。项羽见此人气度不凡，得知其为刘邦的参乘时，即命赐酒，樊哙立而饮之，席间刘邦以如厕为名与樊哙一同离席，一走了之。刘邦部下张良入门为刘邦推托，说："主公不胜酒力，无法前来道别，现向大王献上白璧一双，并向大将军（亚父范增）献上玉斗一双，请收下。"项羽居然收下了白璧，气得范增拔剑将玉斗撞碎。后人将鸿门宴喻指暗藏杀机。

泰山封禅

最早有历史记载的封禅活动是从秦始皇开始的。封禅是一种祭祀性的礼仪活动，"封"是在泰山上堆土为坛，祭祀天神；"禅"是在泰山下扫出一片净土，祭祀土神。帝王登封泰山是国家鼎盛和天下太平的象征，皇帝本人也因此声威卓著，成为"奉天承运"的真龙天子。秦始皇以后，秦二世、汉武帝、汉光武帝、汉章帝、汉安帝、隋文帝、唐高宗、唐玄宗、宋真宗、清圣祖、清高宗等帝王都曾到泰山登封告祭、刻石记功。

秦始皇统一货币、文字和度量衡

秦朝统一后，规定黄金为上币，每二十两为一镒；铜钱为下币，统一使用半两钱，确立了当时世界上较为先进的币制，而以前各国的货币都被废止。秦始皇还规定以秦小篆为标准文字，废除各国不标准的文字。此外，秦对全国的度量衡做出了统一规定。

第二章　西汉（前206—25年）

七国之乱

公元前154年，吴王刘濞联络楚、赵、胶西、胶东、济南、菑川等六个刘姓诸侯王发动叛乱。叛乱的口号是“诛晁错、清君侧”，目的则是想推翻汉景帝的统治。叛乱很快就被太尉周亚夫、大将军窦婴率兵镇压下去。吴王刘濞兵败被诛，其他叛王均畏罪自杀。

文景之治

西汉文帝、景帝在位期间（前 179—前 141 年）推行轻徭薄赋等一系列休养生息的政策，社会经济得到迅速恢复和发展，被后世史家誉为盛世，称“文景之治”。但在此期间，外有匈奴骚扰，内有诸侯王叛乱，仍有许多不稳定因素。

张骞出使西域

公元前 138 年，为了联合大月氏共同对付匈奴，汉武帝委派张骞为特使，率 100 多人的使团出使西域。但是，张骞的使团刚出阳关，便被匈奴抓了起来。张骞被关押了 10 年之久，后逃到了大宛国，然后从大宛到了康居国，最后历经艰辛到达大月氏国。不过，此时的大月氏已不想再与匈奴作战了。张骞只得从大月氏国来到大夏国（今阿富汗）。在大夏国，张骞了解到许多地理知识和世界各国的情况。从大夏国返回时，张骞从昆仑山北麓穿越新疆、甘肃，终于回到了长安。

张骞出使西域，虽然没有达到联合大月氏的目的，却打通了一条通往西域的通商之路。汉武帝对此十分高兴，封他为“博望侯”。公元前 119 年，张骞第二次出使西域。这次，张骞率领庞大的马队，带着中国的丝绸、茶叶等特产，从西域各国换回了毛毯、貂皮、骆驼以及葡萄、黄瓜、芝麻等。在通商的同时，中国与西域之间的文化得到了交流。张骞开拓的从长安到西域各国的通商之路成了联系东西方文化的要道，人们将它称作“丝绸之路”。

景帝削藩

七王之乱之后，景帝加速了削藩的进程，将王国境内的名山大川一律收归国有，诸侯王不准再自行治理国家、任免官吏，历来享有的政治特权大部分都被削夺。至此，王国终于与郡一样受到中央的直接控制。

罢黜百家，独尊儒术

汉武帝刘彻（前 157 年—前 87 年），幼名刘彘，是汉朝的第五代皇帝，在位 54 年，他的雄才大略、文治武功使汉朝成为当时世界上最强大的国家。

为适应中央集权统治的需要，汉武帝即位后采纳儒生董仲舒“罢黜百家，独尊儒术”的建议，只提倡儒家学说，禁止传播其他各家学说。汉廷在长安设立太学，设五经博士为教官，传播儒家经书，每年考一次，合格的授予官职。后来各郡也设立学校传授儒家经书。儒家思想逐渐成为封建社会的统治思想。董仲舒认为，皇帝代表天统治人民，“天人相应”，把皇帝神化。他还提出君为臣纲、父为子纲、夫为妻纲的说教。三纲后来成为封建社会的基本道德观念。“罢黜百家，独尊儒术”在当时加强了中央集权统治，但在以后的封建社会里，儒家思想禁锢了人们的思想和言行。

卫青、霍去病远征匈奴

公元前 127 年，卫青率军驱逐匈奴，收复了河套以南的地区。公元前 121 年，霍去病两次出击匈奴，阻隔了匈奴与西羌的联系。两年后，卫青与霍去病率领数十万大军深入漠北，分两路合击匈奴，取得了重大胜利，基本解除了匈奴对汉北部边境的威胁。

推恩令

自汉景帝削藩之后，西汉诸侯王的势力虽受到沉重打击，但与中央的矛盾没有彻底解决。公元前 127 年，汉武帝采纳主父偃的建议，颁行推恩令，允许诸侯王将封地进一步分封给子弟。这样一来，诸侯王的子弟人人欣喜，王国封地也越来越小，势力越来越弱了。

苏武牧羊

汉武帝太初四年（前 101 年）冬，匈奴单于死，其弟被立为单于，为了与西汉搞好关系，他送回了以往扣留的汉朝使节。第二年，汉武帝为回报匈奴善意，派中郎将苏武等人出使匈奴，送还扣留在汉朝的匈奴使者，并厚馈单于财物。苏武等到达匈奴后，原降匈奴的汉人虞常等人与张胜密谋，欲劫持单于母亲阏氏归汉。事情败露后，苏武不愿受辱，自杀未成。单于非常敬重他，派汉朝的降臣卫律前去劝降，苏武不为所动。单于将他流放到边远的北海去放羊。公元前 85 年，匈奴新单于即位，派遣使者与汉朝重修旧好。公元前 81 年，被匈奴扣留 19 年之久的苏武回到长安，由于对边疆少数民族的风俗习惯十分熟悉，他被任命为典属国，专掌少数民族事务。

巫蛊之祸

汉武帝征和二年（前 91 年），武帝大兴“巫蛊之祸”，太子被杀。所谓巫蛊，是指巫师利用邪毒之术设法诅咒人的统称。武帝晚年迷信神仙、巫师和方士，为求通达，这些人纷纷聚集在京城寻求机遇。他们得到武帝赏识的途径之一，就是与宫中后妃结交。后妃之间本来就钩心斗角，此时便利用巫蛊，相互诅咒攻讦。随后，她们又向武帝彼此告发对方诅咒皇帝。武帝大怒，后宫及大臣被杀者数百人。

征辟制、察举制

征辟制，即2000石以上的高官可以直接征召一些人才到自己的宫衙里做属僚。察举制，是由地方州郡以“贤良”“孝廉”“秀才”等名目，选拔德才兼备者举荐给朝廷，经国家考核合格后，授予官职。征辟制、察举制，对士家大族集团的形成起到了重要作用，后来被九品中正制取代。

三堂会审

我国文学作品中经常会出现“三堂会审”这一名词，以形容事态的严重性。三堂会审又称三司会审，是中国古代三法司（3个司法有关单位）共同审理重大案件的制度。《商君书·定分》中载“天子置三法官，殿中置一法官，御史置一法官及吏，丞相置一法官”。后世的“三法司”之称即源于此。汉代以廷尉、御史中丞和司隶校尉为三法司。唐代以刑部、大理寺和御史台为三法司。明、清两代以刑部、大理寺和都察院为三法司，遇有重大疑难案件，由三法司会同审理，以避免决策失误，是古代法制民主的一种体现。

盐铁官营

西汉初期，盐铁由私人经营，国家只是设官收税。到了汉武帝年间，连年征战加上财政严重危机，武帝就采纳了大农丞的建议，将盐铁收归国家专营，在全国盐铁产区分设盐铁官，负责盐铁的制造与发卖。这一措施增加了西汉政府的财政收入，但也导致官营盐铁质次价高等弊病的出现。

昭宣中兴

汉昭帝在位期间曾多次下诏减免徭役，社会生产得到了恢复和发展。宣帝后，继续奉行与民休息的政策，政治清明、经济繁荣。

公元前 53 年，匈奴呼韩邪单于来汉朝，汉朝的声威震于海内，出现了中兴局面，史称“昭宣中兴”。

昭君出塞

公元前 33 年，匈奴呼韩邪单于来觐见汉元帝，提出了和亲的请求，元帝把宫女王昭君以公主的礼节嫁给了呼韩邪单于。昭君出塞后，匈奴与汉朝长期和平相处，汉匈民族间政治、经济、文化的交流密切，边境安宁，百姓也得以安居乐业。

王莽改新与“托古改制”

永始元年（前 16 年），王莽封新都侯，迁骑都尉、光禄大夫、侍中。绥和元年（前 8 年），王莽代替王根为大司马。哀帝死后，年幼的平帝继位，王政君以太皇太后临朝称制，王莽复任大司马，总揽朝政。他拔擢亲信，树立党羽，竭力诛灭异己。元始元年（1 年），进位太傅，号安汉公，后加称宰衡。元始五年（5 年），王莽加九锡。平帝死后，他拥立两岁的孺子婴，仿效周公辅成王的故事，以摄政名义居天子之位，朝会称假皇帝，臣民称摄皇帝，改元居摄。初始元年（8 年），王莽自立为帝，改国号曰新，次年改元为始建国。

为了缓和西汉末年日益加剧的社会矛盾，王莽附会《周礼》，打着复古改制的幌子实行变法。变法的主要内容是：第一，把全国土地改为“王田”，不准买卖；第二，把奴婢称为“私属”，不准买卖；第三，平定物价，改革币制。这种复古改制倒行逆施，不但受到农民的反对，许多中小地主也不服。

“托古改制”未能挽救西汉末年的社会危机，反而使各种矛盾进一步激化，终于导致了赤眉、绿林为主的农民大起义。23 年十月，绿林军攻进京城，杀死了王莽。这样，新朝仅仅维持 15 年就灭亡了。

绿林、赤眉起义

天凤四年（17 年），荆州一带发生严重饥荒，新市人王匡、王凤聚众起义，他们隐蔽在绿林山中，因而被称为“绿林军”。几个月的时间，绿林军就发展到七八千人。后来，在人心思汉的情况下，绿林军拥立刘玄为皇帝，恢复汉的国号，年号“更始”。更始三年（25 年），刘秀即皇帝位，改元建武，东汉开始。

绿林起义的第二年（18 年），琅玡人樊崇率众在莒县起义。樊崇作战勇敢，青、徐各地的起义部队都归顺了他。参加这支起义军的都是为饥饿所迫的农民，他们为了在作战时与敌人有所区别，就把眉毛涂红，所以称作“赤眉军”。赤眉军多方转战，后来西攻长安，起义在建武三年（27 年）春宣告失败。这两次农民起义打击了封建统治，推翻了王莽政权，但最终还是充当了改朝换代的铺路石。

昆阳大战

昆阳大战是历史上著名的以少胜多的战例之一。绿林军建立更始政权后，篡汉自立的王莽派司徒王寻、大司空王邑征调州郡兵 42 万，号称百万，对绿林军进行镇压。23 年六月，王莽军队直逼昆阳，把绿林军八九千人围于城内。刘秀力主起义主力坚守昆阳，他自己率领 13 骑突出重围，调发郾城、定陵营兵数千人驰援昆阳，冲破王莽军队的包围圈，击杀王寻，使王莽大军陷入一片混乱，城中守军乘机出击，里应外合，敌军大败。昆阳大战后，绿林军逼近长安，长安城内发生暴动，王莽被杀，新朝灭亡。

《史记》

《史记》是中国西汉时期的历史学家司马迁撰写的史学名著，又称《太史公记》，列“二十四史”之首。《史记》是中国古代最著名的典籍之一，与后来的《汉书》《后汉书》《三国志》合称“前四史”。

《史记》记载了上自中国上古传说中的黄帝时代，下至汉武帝元狩元年（前122年），共3000多年的历史。司马迁以其“究天人之际，通古今之变，成一家之言”的史识，使《史记》成为中国历史上第一部纪传体通史。

乐府民歌

“乐府”一词，最初是指主管音乐的官府。汉代人把乐府配乐演唱的诗称为“歌诗”，这种“歌诗”在魏晋以后也被称为“乐府”。同时，魏晋六朝文人用乐府旧题写作的诗，有合乐有不合乐的，也一概被称为“乐府”。唐代出现的不用乐府旧题而只是仿照乐府诗的某种特点写作的诗，被称为“新乐府”或“系乐府”。

三纲五常

三纲五常是汉代政治道德、社会道德、家庭道德以及个人道德的总概括。所谓三纲，强调的是天道，君臣、父子、夫妇关系都要符合君为臣纲、父为子纲、夫为妻纲的天道。所谓五常，即仁、义、礼、智、信。

第三章　东汉（25—220年）

光武中兴

光武帝（前6—57年），姓刘名秀，南阳蔡阳人（今湖北枣阳西南）人，刘邦九世孙，新莽末年与兄刘演加入绿林军，于昆阳一战立下大功。刘秀在更始政权中利用在河北作战的机会，经营自己的基地。更始三年（25 年）六月，他在鄗（今河北柏乡北）称帝，是为光武帝，年号建武。九月，更始军洛阳守将投降刘秀。十月，刘秀定都洛阳。刘秀仍称汉朝，由于其都城洛阳在长安以东，史称东汉。建武三年（27 年），刘秀灭赤眉军，又经过十多年的战争消灭了各地的割据势力，至建武十六年（40 年）完成统一。

刘秀建立东汉后，在政治上改革官制，加强对官吏的监察，强化对军队的控制；在经济上，实行度田，把公田借给农民耕种，提倡垦荒，发展屯田，安置流民，赈济贫民；在思想上，提倡经学，表彰名节。这些措施使东汉初年出现了社会安定、经济恢复、人口增长的局面，史称“光武中兴”。

东汉外戚、宦官之争

东汉的皇帝从汉和帝开始幼年即位。和帝即位的时候只有 10 岁，殇帝即位的时候还不到半周岁，安帝即位时 13 岁，顺帝 11 岁即位，冲帝即位时两岁，质帝 8 岁即位，桓帝即位时 15 岁。外戚指母族、妻族，也就是太后、皇后的亲戚。外戚把持朝政，干政擅权，历史上就叫“外戚专权”。年幼的皇帝长大后想把权力从外戚手中夺回来，便用最亲近的宦官打击外戚。宦官指伺候皇帝及其后妃的人。宦官得到皇权同样把持朝政，拿皇帝当傀儡。外戚对宦官不满，卷土重来。这样东汉持续不断外戚与宦官争权夺利的斗争。

十常侍专权

汉灵帝时专权的宦官集团，人称“十常侍”，其首领是张让和赵忠，他们玩弄皇帝及朝政于股掌之上，以至于灵帝称“张常侍是我父，赵常侍是我母”。十常侍仗势横征暴敛，他们的父兄子弟遍布天下，祸害百姓。人民不堪剥削、压迫，纷纷起来反抗。郎中张钧向皇帝指出，黄巾起义是外戚宦官专权逼出来的，他说：“张角所以能兴兵作乱，万人所以乐附之者，其源皆由十常侍多放父兄、子弟、婚亲、宾客典据州郡，侵掠百姓，百姓之怨无所告诉，故谋议不轨，聚为‘盗贼’。”

党锢之祸

东汉后期，宦官专政引起大地主出身的官僚以及一般地主阶级知识分子的不满。洛阳的太学生们利用太学这个阵地讨论政治，抨击宦官，造成很大的声势，得到了官僚的支持。这种风气，被称为“清议”。宦官们对此恨之入骨，诬蔑官僚和太学生结为朋党，要对朝廷不利，对他们进行了严厉的打击。第一次在 166 年，在宦官的蛊惑下，桓帝通告各郡，逮捕“党人”，牵连了 200 多人。第二次开始于 169 年，被杀死、流放、监禁的党人有六七百人，接着又有 1000 多太学生被关押起来。所有党人和党人的学生、父子兄弟以及亲戚，一律免除官职，禁锢终身，不许再做官。这次“党锢之祸”一直持续了十多年。

黄巾军起义

东汉末年，统治集团腐朽昏庸，外戚宦官竞相压榨百姓，豪强势力不断扩张，土地兼并非常严重，农民的处境日趋恶化。黄巾起义的领袖张角以传道和治病为名，在农民中宣扬太平道的教义，进行秘密的活动。他广泛传播“苍天已死，黄天当立，岁在甲子，天下大吉”的谶语。中平元年（184 年），由于计划泄露，起义提前举行。以黄巾为标志的农民起义军在 7 州 28 郡揭竿而起，攻城夺邑，取得了很大的胜利。黄巾军虽人数极多，声势浩大，但是他们组织涣散，各支力量未能协调配合，统治者采取集中兵力各个击破的策略，黄巾军主力在短短 9 个月的时间就被镇压了。

董卓之乱

189 年，军阀董卓以讨伐宦官为名，率军进入京城。他先控制了京师的军权，又胁迫何太后废少帝，立陈留王刘协为献帝，从而掌握了中央政权。董卓进城后放纵兵士在京城烧杀抢掠，于 190 年将献帝和洛阳数百万民众迁到长安，并放了一把大火将洛阳城烧毁，使东西两都生灵涂炭。董卓的暴行激起了百姓的强烈不满。192 年，董卓被司徒王允等人设计杀死，不过此时东汉王朝已经名存实亡，汉献帝也成了割据军阀的傀儡。

造纸术

造纸术是中国四大发明之一，人类文明史上的一项杰出的发明创造。中国是世界上最早养蚕织丝的国家。古人以上等蚕茧抽丝织绸，剩下的恶茧、病茧等则用漂絮法制取丝绵。漂絮完毕，篾席上会遗留一些残絮。当漂絮的次数多了，篾席上的残絮便积成一层纤维薄片，经晾干之后剥离下来，可用于书写。这种漂絮的副产物数量不多，在古书上被称为赫蹏或方絮。这表明中国造纸术的起源同丝絮有着渊源关系。东汉元兴元年（105 年）蔡伦改进了造纸术。他用树皮、麻头及敝布、渔网等植物原料，经过挫、捣、抄、烘等工艺制造的纸，是现代纸的渊源。自从造纸术发明之后，纸张便以新的姿态进入社会文化生活之中，并逐步在中国大地传播开来，以后又传播到世界各地。

乐府诗

乐府为掌管宫廷音乐的机构，始设于秦。汉武帝时，为宫廷娱乐和庙堂祭祀，广搜民歌，配乐加工成乐府诗。这些民歌广泛深入地反映了当时的社会生活。东汉末年的长篇叙事诗《孔雀东南飞》，则是汉代乐府民歌的杰出代表作，也是我国诗歌史上不朽的名篇。东汉时期还出现了文人模仿乐府形式的五言诗。其代表作《古诗十九首》是一群无名诗人所作，习惯上以首句作标题。汉乐府不仅哺育了当代文人的诗歌，而且对魏晋以至唐代诗人都有巨大的影响。

第五篇

三国两晋南北朝：浪花淘尽英雄

第一章 魏（220—265年）

挟天子以令诸侯

196年，汉献帝和大臣们从长安返回洛阳。经过董卓之乱的洛阳城一片残破，粮食匮乏。曹操已经占据许县（今河南许昌），他采纳谋士荀彧的建议，以方便供给粮食为由，将汉献帝迎接到许县，并将许县改名为许都。此后，曹操以天子的名义向天下诸侯发号施令，占据了巨大的政治优势。

屯田制

屯田亦称屯垦，是历代封建王朝组织劳动者在官地上进行开垦耕作的农业生产组织形式，主要采取军屯和民屯两种形式。军屯即以军事组织形式由士兵及其家属进行垦种，民屯则以民户为主体进行有组织的屯垦。此外，明代还有商屯。民屯、军屯均始于汉代。西汉文帝、武帝、宣帝时都组织过屯田，有民屯，也有军屯。东汉末，曹操组织的屯田为民屯，取得了显著效果。其后历代多沿此制，唐以后又称营田，元、明、清一般仍称屯田。各代均设专门机构管理，具体名称、制度或有不同。

租调制

在实行屯田制的同时，曹操于建安九年（204 年）在《收田租令》中颁布了新的租调制，规定田租是每亩每年缴纳粟四升；户调是平均每户每年缴纳绢二匹、绵二斤，具体实行时根据民户的资产划分等差进行征收。这种征收实物的户调制实际上自东汉后期以来就已经开始，建安时期得以正式确定下来，并以此取代繁重的口赋和算赋。这对促进北方社会经济的恢复和发展起到了积极的作用，巩固了曹魏政权，使其在三国鼎立的局面中占据了实力上的优势。租调制也是中国古代赋税史上的一次重要变革，对后代的赋税制度产生了极其深远的影响。

官渡之战

东汉末年，军阀割据，北方逐渐形成袁绍和曹操两个强大的军事集团。袁绍占有幽、冀、青、并四州，曹操占有兖、豫二州，并在建安元年（196 年）把汉献帝挟持到许，“挟天子以令诸侯”，双方都企图独霸天下。建安五年（200 年），袁绍组织 10 万大军进驻黎阳，发动了对曹操的进攻。袁绍分兵包围了屯驻白马的曹军，兵力只有袁绍 1/3 的曹操以声东击西的战术，大败袁军。初战获胜后，曹操退守官渡，两军对阵相持。接着，曹操又派兵偷袭乌巢，焚烧袁军的粮草辎重，并乘袁绍军心动摇之机挥兵猛进，歼灭袁军 7 万余人。袁绍父子带着 800 残兵逃回北方。两年后，袁绍忧愤而死。官渡之战为曹操统一北方奠定了坚实的基础，并为其在三国鼎立的局面中占据优势提供了有利条件。

九品中正制

魏晋南北朝时期一种重要的官吏选拔制度，又名九品官人法。

三国时，220年，曹丕废汉称帝前夕采纳陈群建议设立九品官人法，在各郡县设中正，对人才进行评定，并分出九等，作为选拔官员的标准，即上上、上中、上下、中上、中中、中下、下上、下中、下下。九品中正制创立之初，评议人物的标准是家世、道德、才能三者并重，但由于中正权力被门阀士族垄断，因而在实际执行过程中，才德标准逐渐被忽略，家世成为唯一的标准，到西晋时形成“上品无寒门，下品无士族”的局面，成为维护门阀统治的重要工具。隋唐以后，门阀制度衰落，隋文帝改革吏制，用分科考试的办法选拔官吏，九品中正制至此被废除。

高平陵事变

239年，魏明帝病死，即位的齐王曹芳只有8岁，由大将军曹爽和太尉司马懿辅政。曹爽为了独揽大权，将司马懿改任太傅，司马懿则称病在家，密谋对策。249年，曹爽兄弟跟随魏少帝曹芳出城到高平陵祭拜祖陵，司马懿趁机发动兵变，控制了洛阳城。曹爽被迫让权，司马懿不久便诛杀了曹爽兄弟三人及何晏等三族，司马氏成功地掌握了曹魏大权。

文姬归汉

文姬指的是蔡文姬，东汉著名学者蔡邕的女儿。初嫁河东人卫仲道，夫亡后归居家中。时值天下动乱，四处交兵。董卓在长安被诛后，其父蔡邕曾因为董卓所迫受官中郎将而获罪，为司徒王允所囚，并被处死狱中。蔡文姬则于兵荒马乱中为董卓旧部羌胡兵所掳，流落至南匈奴左贤王部，在胡中12年，生有二子。

建安中，随着曹操军事力量的不断强大，吕布、袁绍等割据势力被逐步削平，中国北方趋于统一。在这一历史条件下，曹操出于对故人蔡邕的怜惜与怀念，“痛其无嗣”，乃遣使者以金璧将蔡文姬从匈奴赎回国中，重嫁给陈留人董祀，并让她整理蔡邕所遗书籍400

余篇，为中国文化的传播作出了贡献。

建安七子

建安七子是指东汉末年建安时期以文著称的7位作家。“七子”之称始自曹丕的《典论·论文》。七子是鲁国孔融、广陵陈琳、山阳王粲、北海徐幹、陈留阮瑀、汝南应玚、东平刘桢。因七人同居邺中，故又称“邺中七子”。

竹林七贤

司马氏控制朝政以后，一些名士对司马氏十分不满，就以蔑视礼法、纵酒玩乐的方式消极抵抗，拒绝与司马氏合作。“竹林七贤”就是这些名士的代表。嵇康、阮籍、山涛、阮咸、向秀、刘伶、王戎七人经常在竹林里携手共游，开怀畅饮，高谈阔论，所以被人们称为“竹林七贤”。“竹林七贤”中最博学的要数嵇康，他精通音律、绘画和书法。

第二章　蜀汉（221—263年）

三顾茅庐

官渡之战以前，刘备为曹操所逼，无处安身而投靠了荆州牧刘表，驻扎军队在樊城（今湖北襄樊）。刘备为了发展自己的力量，在众人的推荐之下，亲自到隆中（今湖北襄阳）拜访具有济世之才的诸葛亮，连续去了3次才如愿以偿。诸葛亮被刘备的礼贤下士深深感动，他分析了当今天下大势，指出刘备应该采取的策略，这些见解都十分独到精辟。刘备听了很高兴，说：“先生说得太好了！”从此诸葛亮出山辅佐刘备兴复汉室的大业。后人就用三顾茅庐来比喻真心诚意，一再邀请、拜访有专长的贤人。

马谡失街亭

蜀国街亭为汉中咽喉要地，诸葛亮派将驻守。马谡请令，诸葛亮再三叮嘱须靠山近水扎营，并令王平辅之。马谡刚愎自用，又不听王平谏言，竟在山顶扎营，因而为魏将张郃所败，街亭失守。马谡不遵诸葛亮将令，失守街亭，与王平回营请罪。诸葛亮虽惜其才，但以军法无私挥泪斩之，并因己用人失当，上表自贬。

白帝城托孤

蜀汉章武三年（223 年），刘备病死白帝城。222 年蜀军街亭大败，刘备遭受巨大的精神打击，心情抑郁，长期的戎马征战又给他的身体以极大的损伤。退回白帝城后，刘备一病不起，病情日甚一日，于是召诸葛亮来到白帝城，托付后事。无才而年幼的太子刘禅，尚不稳定的蜀汉形势，都令刘备放心不下。他叮嘱诸葛亮：如果太子可以辅政，以亮的才能佐太子，定能成就国家；如果太子实在不行，请自代刘禅为帝，以拯救国家。诸葛亮动情地表示：要鞠躬尽瘁，死而后已。白帝托孤后，刘备在白帝城永安宫病逝，享年 63 岁。之后刘禅即位，是为蜀后主，改元建兴，封丞相诸葛亮为武乡侯，领益州牧，政无巨细，皆出于亮。

白帝托孤，刘备深深信赖诸葛亮；日后辅政，诸葛亮不负先主。这的确是历史上君臣相知的一段佳话。

苦肉计

赤壁之战时，孙权命周瑜为大都督对抗曹操。为了使曹操上当，周瑜和黄盖决定上演一出苦肉计。在军事会议上，黄盖假装与周瑜意见不合，甚至出言不逊。周瑜大怒，下令将黄盖斩首，众将苦苦求情，周瑜便将黄盖处以杖刑。

这正是做给诈降周瑜的蔡忠、蔡和看的。阚泽为黄盖献诈降书，蔡忠、蔡和将这一假情报传回了曹营，曹操相信了黄盖，之后赤壁之战爆发，诈降的黄盖开船来投降曹操，曹操中计，战船被黄盖的火船击中而着火，加上庞统的连环计和诸葛亮“招来”的东风，曹军溃不成军，经过周瑜的奇袭后几乎全军覆没，甚至到了差点儿为关羽所杀的地步。之后曹操惧怕周瑜，一直不敢南下。

第三章　吴（222—280 年）

孙策定江东

孙策率领数千兵马于 195 年前往江东，击溃了扬州刺史刘繇，成功地在江东壮大了自己的势力。196 年，孙策攻下会稽（今浙江绍兴），又先后削平当地的割据势力，大体上统一了江东。200 年，孙策遇刺身亡，但他为弟弟孙权在江南建国打下了良好的基础。

赤壁之战

曹操统一北方后，欲南下完成统一大业。建安十三年（208 年），曹操率水陆大军由江陵（今属湖北）顺江而下。诸葛亮奉刘备之命联络江东，与孙权联兵抗曹，遂与曹军相遇于赤壁（今湖北嘉鱼东北，一说湖北蒲圻西北）。曹军初战不利，将军队撤回长江北岸。孙、刘联军利用曹军远来疲惫、骄傲轻敌、不习水战、瘟疫流行之机，派黄盖诈降，采用火攻战法突袭曹军。曹军大乱，夺岸纷逃。孙权军大将周瑜与刘备主力军随即水陆并进，追击堵截曹操，曹军全线溃败。赤壁之战后，曹操无力再战，率残兵逃回江陵，命曹仁于江陵驻守，乐进守襄阳。曹操本人退回北方。赤壁之战奠定了三国鼎立的局面。

夷陵之战

建安二十五年（220 年），孙权俘杀蜀将关羽，出兵攻占荆州（今湖北襄阳）。章武元年（221 年），蜀汉刘备亲率大军数十万东下攻吴。孙权派大将陆逊率兵 5 万迎敌。蜀军连战连捷，攻入吴境五六百里，自巫峡连营至夷陵（今湖北宜昌东），同时得到武陵蛮的支持，声势浩大，锐不可当。刘备沿江设置几十个军营。陆逊以逸待劳，坚守不出。次年，蜀军疲惫不堪，士气低落。陆逊于街亭（今湖北宜都北长江北岸）与蜀军决战。吴军利用火攻，大破蜀军 40 余营，刘备尽失舟船器械，狼狈逃回白帝城（今四川奉节东北）。蜀军主力严重受挫，刘备于次年忧愤病故。夷陵之战后，蜀军再无力攻吴，吴亦无力西进，三国鼎立局面最终稳定。

卫温求夷州

230 年，孙权派将军卫温等人率船队出海寻找夷州（夷州是三国时对今天台湾的称呼）。船队历尽艰辛，终于抵达台湾南部。他们在岛上停留数日后，掳得数千人而回。此后，双方的海船频频来往于两岸，台湾成为中国领土不可分割的一部分。

第四章　西晋（265—317 年）

石王斗富

西晋的统治阶级享有政治、经济等特权，他们广殖财货，骄奢淫逸，竞相炫耀。晋武帝的舅父王恺和荆州刺史石崇经常以斗富为乐，浪费了大量的财富。王恺以饴糖水洗锅，石崇就用蜡烛代柴，石崇用椒泥涂屋，王恺就用赤石脂泥做墙等。西晋的门阀士族糜烂腐化，从而使得阶级矛盾迅速激化，并造成西晋末年的天下大乱。

八王之乱

西晋太熙元年（290 年），惠帝司马衷继位，由外戚杨骏辅政。权欲极强的皇后贾南风于元康元年（291 年）矫诏诛杀了杨骏。杨骏死后朝政由汝南王司马亮和太保卫瓘主持，贾后又指使楚王司马玮杀掉二人，然后否认曾下过密诏，以“擅杀”大臣的罪名处死了司马玮。永康元年（300 年）贾后又杀死了对她不满的太子司马通。贾氏乱政引起了诸王和朝臣的怨恨，赵王司马伦以替太子报仇为名率兵入宫，鸩杀贾后并消灭其党羽，控制朝政，迁惠帝为太上皇，自称皇帝。第二年，齐王司马冏、成都王司马颖、河间王司马颙联合起兵讨伐司马伦。此后，这一场争权夺利的战争由京城波及地方，演变成为大规模的武装混战，直到光熙元年（306 年）才宣告结束。八王之乱持续了 16 年之久，给社会带来了极大的灾难，同时削弱了西晋政权的统治。

永嘉之乱

八王之乱中，北方少数民族贵族乘机反晋。建武元年（304 年）匈奴贵族刘渊称大单于，永嘉二年（308 年）称帝，迁都平阳（今山西临汾）。王弥和石勒都来归附。永嘉四年（310 年）刘渊卒，其子刘聪杀兄夺位，命刘曜和王弥、石勒攻取洛阳。东海王司马越率晋军主力弃洛阳而奔许昌。永嘉五年（311 年）三月司马越病死军中，太尉王衍率军行至苦县宁平城（今河南郸城东北）被石勒追及。石勒纵骑围射，晋军 10 余万人全部被歼。同年六月，呼延晏到达洛阳，刘曜等人带兵前来会合，攻破洛阳，纵容部下抢掠，俘虏怀帝，杀太子司马诠、宗室、官员及士兵百姓三万余人，并挖掘陵墓和焚毁宫殿。

西晋分封制

西晋汲取曹魏集权被异姓篡位的教训，实行分封制。泰始元年（265 年），分封宗室 27 个王：1 个叔祖父，6 个亲叔叔，3 个亲兄弟，17 个同族的叔伯和兄弟。几年以后，又陆续增封，前后共有 57 个王。诸王以郡为国，规定大国有民户 2 万，置上、中、下三军，共 5000 人；次国民户 1 万、置上、下二军，共 3000 人；小国民户 5000 以下，置一军，1500 人。同时大封功臣和异姓世家大族为公侯，一次就封 500 多人。这些人在西晋形成一个庞大的贵族地主阶层。

太康体

西晋太康年间出现了一批诗人，有三张（张载与其弟张协、张亢）、二陆（陆机与其弟陆云）、二潘（潘岳与侄潘尼）、一左（左思）。这些人中文学成就突出的要数左思和陆机。太康年间出现的诗风又称太康体，其特点是注重炼字析句，追求辞藻华美，渐流于轻绮靡丽。

第五章　东晋（317—420 年）

永嘉南渡

司马睿是司马懿的曾孙，袭封琅玡王，封国紧临东海王司马越。八王之乱时，他追随司马越，受命镇守下邳（今江苏睢宁西北），后因下邳难以守御，得司马越同意，于永嘉元年（307 年）以安东将军、都督扬州江南诸军事移镇建业（今江苏南京，改称建康）。司马睿与琅玡著名士族王导交好。司马睿初镇江东，南方士族心存疑虑，态度冷淡。王导帮他拉拢南方士族，任命名士顾荣为军司马、散骑常侍，贺循为吴国内史，以此吸引南方士族归附司马睿。此后，多数南方士族对司马睿的态度由观望转为支持。王导又极力周旋其间，终使南北士族政治联合。

建武元年（317 年），得知晋愍帝投降后，司马睿自称晋王，次年称帝，定都建康，历史上称为东晋，司马睿即晋元帝。王导因为有辅佐皇帝再造晋室之功，深得司马睿信任。王导身为宰相，掌握中央的行政大权，哥哥王敦手握重兵，掌握军事大权，其他重要的官职也被王家人占有。所以当时流传一句话“王与马共天下”，意思是说王导和司马睿共同掌握天下。

五胡十六国

五胡是指东晋时期居住在我国北方地区的 5 个少数民族，即匈奴、鲜卑、羯、氐、羌。西晋末年，这些民族相继内迁中原北部地区。自永安元年（304 年）至南朝宋文帝元嘉十五年（439 年）的 35 年间，这 5 个民族先后建立了 16 个割据政权，即成汉、前赵、后赵、前秦、后秦、西秦、前燕、后燕、南燕、北燕、前凉、后凉、南凉、北凉、西凉和夏，故称五胡十六国。另有冉魏、西燕、和北魏的前身代国，都是同时出现的割据政权，但这三国一般不列入十六国之内。

祖逖北伐

东晋建国前，祖逖向司马睿请求北伐。司马睿仅给他 1000 人和 3000 匹布。建兴元年（313 年），祖逖率部众渡江，在江阴（今属江苏）打造武器，招募士兵，在北方广大汉族人民的支持下，很快收复黄河以南的全部失地。正当祖逖满怀信心，继续北进时，司马睿派南方大族戴渊为征西将军，司兖、豫、并、雍、冀、梁六州诸军事，以钳制祖逖。祖逖处处受制，忧愤成疾，于大兴四年（321年）病故。河南之地旋又为石勒所据，北伐成果被断送。

桓温北伐

东晋中期，桓温为捞取政治资本和抢夺军权，先后3次北伐中原。第一次攻打前秦，直抵关中，进军灞上（今属陕西），遭前秦反击而失败；第二次攻打羌族姚襄，一举攻克洛阳（今属河南），但不久被前燕收回；第三次打前燕，直抵枋头（今属河南），由于坐失战机，给养供应不足，最后也被迫撤兵。

淝水之战

前秦苻坚统一北方后，急欲进攻东晋，统一全国，前秦建元十八年（383年），苻坚与其弟苻融率兵87万南下攻晋。东晋以徐、兖二州刺史谢玄等率北府兵8万迎战。谢玄派名将刘牢之率精兵5000人偷渡洛涧（即洛河，位于今安徽淮南），败苻坚军前锋，继而挺进淝水，与秦军对峙。苻坚登寿阳城（今安徽寿县），见晋军齐整，又见八公山（今安徽凤台东南）上草木森然，皆以为晋军，心生疑悸。

谢玄派使者要求前秦军后撤，以便晋军渡河决战。苻坚欲待晋军半渡反击之，遂下令稍退。前秦军方退即大乱，晋军乘机渡水奋击，大败前秦军。苻融战死，苻坚带伤逃归。淝水之战使南方免于战祸，江南经济得以持续发展。战后，北方分裂，南北方进入对峙状态。

桓玄之战

东晋末年，会稽王司马道子父子专权，398年，桓温之子桓玄等人相继起兵反抗。桓玄趁机壮大自己的势力，自称占有东晋领土的2/3。402年，桓玄打败司马氏的军队，控制了朝政大权，次年，桓玄自立为帝，改国号为楚。不久，北府兵将领刘裕赶走桓玄，恢复了晋安帝的皇位，乱事遂平。

刘裕北伐

刘裕平定桓玄之乱以后，逐渐掌握了东晋政权。409年，北方南燕政权出兵攻打东晋，刘裕为了建立个人威望，率军北伐南燕，于第二年灭了南燕，收复青州和兖州地区。416年，刘裕再次北伐后秦，于次年八月攻陷长安，灭亡了后秦，收复黄河以南的地区。

第六章　十六国（304—439年）

刘渊起兵

刘渊是匈奴左部帅刘豹之子。西晋末年八王之乱，社会动荡，匈奴贵族认为这是恢复匈奴统治的好机会，于是共推刘渊为大单于，于304年率众起兵，定都左国城（今山西离石），改称汉王，国号为汉。308年，刘渊改称皇帝，迁都平阳。310年，刘渊病死，其子刘聪继位。

胡汉分治策略

十六国时期少数民族统治者实行的是民族分治政策。西晋末年，匈奴贵族刘渊建立汉国，设单于左辅、右辅，专治理胡人。胡人泛指北方诸少数民族。其子刘聪继位后，进一步健全胡汉分治制度。他以子刘粲为大单于，设左右辅，各管六夷10万落，每万落置一都尉，另设左右司隶，专治理汉人，各管20余万户，每万户置一内史，共43内史。其实质是依靠和利用匈奴及其他胡人贵族压迫汉人。羯族首领石勒建立后赵，也设内史专治理汉人，另置大单于镇抚百蛮。鲜卑贵族建立的后燕政权在后期也实行胡汉分治政策。

前赵与后赵

318年，刘聪死后由其子刘粲继位，大臣靳准发动政变，杀刘粲自立为汉天王。刘聪的族弟刘曜闻讯也自立为帝，进兵平阳，灭了靳准一族，并且迁都长安。319年，刘曜改国号为赵，史称前赵。328年，刘曜被羯族将领石勒建立的后赵政权击败，第二年，后赵大军进占长安，前赵灭亡。

前秦立国

永嘉之乱时，贵族苻洪被部众推举为盟主，后来又先后归附前赵和后赵，并于349年被封为雍州刺史，镇守关中。350年苻洪自称大都督、大将军、大单于、三秦王。不久，他被后赵的降将麻秋毒死，其子苻健率领部众进入长安。351年，苻健自称大秦天王，建国号秦，次年改称皇帝，史称前秦。

第七章　南朝（420—589年）

刘裕代晋

刘裕本是东晋北府兵的将领，在404年平定桓玄之乱后掌握了东晋政权。接着，他通过发动北伐为自己树立了威望。420年，晋恭帝被迫让位，刘裕即位称帝，建立了南朝宋政权，刘裕就是宋武帝。

刘宋元嘉之治

刘裕建宋以后，大力革新内政，推行改革。他死后，继位的刘义符，整日耽于玩乐，不理朝政，不久便被废掉。第三子刘义隆即位，这就是宋文帝，他是一位很有作为的皇帝。他继承前代的事业，进行了一系列改革：在政治上，他整顿吏治，加强对地方官的考察监督，同时放宽刑罚，诏求贤才；在经济上，他兴修水利，奖励耕织，减免赋税，积极开展赈灾活动；在社会思想文化建设上，他大力发展教育。这样，刘宋王朝出现了政治清明、社会安定的大好局面，宋文帝的年号是元嘉，因此这一段时期又被称为“元嘉之治”。

侯景之乱

547 年，十六国东魏的大将侯景向梁投降。梁武帝派萧渊明率大军接应，结果萧渊明在与东魏交战时战败被俘。不久，东魏表示愿与梁重新通好，于是梁武帝答应以侯景交换萧渊明。侯景走投无路，于 548 年八月起兵反梁，攻下建康城，并在次年三月攻入梁武帝居住的台城。五月，梁武帝饿死于台城，侯景立武帝太子为帝，即简文帝。这次变乱使江南社会经济遭到极大破坏，成为南朝历史的转折点。

陈霸先平叛

550 年，陈霸先时任振远将军、西江督护、高要太守、督七郡诸军事，他先正式起兵平叛，成为一支重要的武装力量。551 年，侯景杀死简文帝，自立为帝，同时派兵进攻巴陵地区，结果被荆州刺史萧绎手下的大将王僧辩击败。552 年二月，陈霸先与王僧辩会合，共同攻打侯景，侯景的叛军很快土崩瓦解。侯景在东逃的路上被部下刺杀，持续 4 年之久的叛乱终告平定。

永明体

南朝齐武帝永明（483—493 年）间，周颙提出了汉字的平、上、去、入四种声调，诗人沈约提出作诗要音韵协调，指出平头、上尾、蜂腰、鹤膝等八病，这种强调声韵格律的新诗体被称为“永明体”，是中国诗歌史上格律诗的开创主体。谢朓的永明体诗歌成就较高，多描写自然景色，时出警句，风格清俊。永明体诗对五言古体诗向律诗的转变有一定的影响，但过分强调声律，对诗歌创作规定了许多不必要的禁忌。

南朝民歌

南朝的乐府民歌主要是指吴声和西曲。吴声现存 300 多首，产生在以建康为中心的吴地。西曲产生于长江中游的荆州、襄阳一带。南朝民歌大多数是情歌，体裁短小，多为五言四句，语言清新自然，喜用双关语。

第八章　北朝（386—581 年）

北魏孝文帝改革

北魏孝文帝统治时期，在各种有利改革的形势下，孝文帝与冯太后共同推行了改革。改革的第一个阶段始于太和八年（484 年），主要是变革政治经济制度；第二阶段始于太和十八年（494 年），着重变革鲜卑族的社会生活习俗。改革的主要内容有整顿吏治、颁布均田令、废除宗主督护制并实行三长制、实行定额租调制、迁都洛阳、提倡胡汉通婚、改变官制和刑律、尊孔尊儒并兴复礼乐。改革加速了北方民族融合的历史进程，使他们由游牧经济迅速转变为以农业经济为主，北魏出现了空前的繁荣景象。

均田制

中国古代北魏至唐中叶封建政府推行的土地分配制度。魏太和九年（485 年），北魏实行均田制。均田制将土地分为露田、桑田两种。15 岁以上的男子受露田 40 亩、桑田 20 亩，妇人受露田 20 亩。露田加倍或两倍授给，以备轮种。桑田为永业田，无须还官，但须在 3 年内种植桑、榆、枣等树，而露田在身死或年过 70 岁后要还给官府。在不宜种桑的地方给麻田，男子 10 亩，妇人 5 亩。奴婢可与良人接受同样数额的田地。耕牛每头受露田 30 亩。

具体实行均田制时，原有的桑田所有权不变，但要用来抵消应受份额。已达到应受额者，不得再受，超过应受额部分，可以出卖；不足应受额部分，可以买足。凡土地不足之处允许向荒地处迁移，土地富足的地方可以借用国有荒田耕种。

均田制将游离的劳动者重新和土地结合起来，使社会秩序更加稳定，土地开垦面积有了很大提高，促进了北方农业生产的发展。

北魏太武帝灭佛

南北朝时佛教在北方极其盛行，僧尼人数激增，寺院占有大量的土地，僧人与地主间的矛盾日益激化。444 年，北魏太武帝采纳崔浩等人的建议，下令禁止私自出家，并且没收寺院财产，焚毁佛经和佛像，后来甚至发展到全国僧人无论长幼一律坑杀。这对佛教是一次沉重的打击。

突厥崛起

突厥为匈奴别支（一说为平凉杂胡），姓阿史那氏，原居住在准噶尔盆地以北，后来又迁移到吐鲁番盆地西北，后受柔然汗国的征服迁到阿尔泰山的西南麓，以替柔然人锻铁生产武器为生。后柔然势力削弱后，突厥崭露头角。西魏大统十一年（545 年），宇文泰派遣使者至突厥，以示通好。次年（546 年），突厥可汗阿史那土门率众破高车部，开始对柔然宣布独立。552 年，土门出兵袭击柔然，柔然可汗阿那瓌兵败自杀。土门自称伊利可汗，号其妻、西魏长乐公主为可贺敦。伊利可汗死后，子科罗立，科罗死，弟俟斤立，号木杆可汗。木杆可汗在位时，彻底清除了柔然汗国的残余势力。从此突厥人代替了柔然人，成为漠北一个强大的汗国。

北齐代东魏

权臣高欢拥立东魏政权后，一直将朝政大权掌握在自己手中。549 年，高欢的长子高澄被人刺杀，次子高洋掌握大权后，革除了高澄时的弊政，顺利控制了局面。第二年，高洋被任命为丞相，晋爵齐王；同年五月，高洋废孝静帝，即位称帝，建立了北齐，史称文宣帝。

府兵制

府兵制源于鲜卑部落兵制，西魏大统年间（535—551 年）丞相宇文泰初建府兵制。府兵的地位比较高，不是边防军而是禁军。军士另立户籍，府兵不承担赋役。府兵每月上半月守卫宫廷，昼夜巡查，下半月由军官教习作战。府兵制初创时，中央设 8 个柱国大将军，除宇文泰和西魏宗室广陵王元欣外，其他六柱国为 6 个集团军，各督两个大将军，大将军督两个开府将军，共 24 个开府，每一开府统一军，共 24 军，此为兵农分离之贵族兵制。

北周武帝招募许多汉人参加府兵，又把府兵改称为“侍官”，入军籍后不编入地方户籍，免除赋役。此为大体兵农合一的华夏兵制。府兵直辖于君主，加强了君主权力和中央集权。

杨坚代周

杨坚是北周的大将军、大司马，封隋国公。579 年，北周周宣帝病死，继位的周静帝年仅 7 岁，由杨坚总揽朝政。杨坚革除弊政，法令清简，得到了舆论的支持。随后，杨坚铲除了各地反对自己的势力，巩固了权力，于 581 年年底逼周静帝退位，代周称帝，建立了隋朝。

北朝民歌

南北朝时期，南方与北方的民歌各具特色，充分反映了祖国南方与北方不同的文化风貌。南方的民歌以缠绵婉转为特色，北方的民歌则以慷慨激昂为特色。南方民歌大都是恋歌，北方民歌除恋歌外，还有牧歌、战歌等。北方民歌最著名的是《敕勒歌》和《木兰诗》。

《敕勒歌》十分简洁雄壮，充满了一种豪迈气概。长篇叙事诗《木兰诗》是北方民歌中艺术成就最高的作品，经过后代文人的不断加工，作品更趋完美。

第六篇

隋唐五代十国：华丽时代的血色画卷

第一章　隋朝（581—618年）

开皇之治

隋文帝杨坚统一中国后，一面躬行俭朴，一面采取许多有利于巩固政权的措施。自辅政时开始，他就提倡生活节俭，并且进行了一系列重大改革。改革内容主要包括以下几个方面：

政治方面，首先是改良政治，改革制度。中央政制行五省（尚书、门下、内史、秘书、内侍）六部（吏、礼、兵、刑、户、工）制；地方政制由州、郡、县三级改为州、县两级行政制。同时，采用西魏、北周的府兵制。其次是废除魏晋南北朝以来维护世族豪门权益的九品中正制和门阀制度，还宽简刑法，删减前代的酷刑，制定隋律，使刑律简要，“以轻代重，化死为生”。

经济方面，仿北魏的均田制，实行均田法，定丁男分田八十亩、永业田二十亩；女子则分露田十亩。减免赋役，轻徭薄赋。他还致力建设，在原长安城东南营建新都大兴城；开凿广通渠，自大兴引渭水至潼关，以利关东漕运。

学术文化方面，文帝大力提倡文教，广求图书。他有鉴于长期战乱，官书散佚，所以下诏求天下之书。为广置人才，又开科取士，并设秀才科，开后世科举制之先河，促进了教育、文学的发展。为明全国教化，恢复华夏文化之正统，又下诏制定礼乐，以提升国家的文化素质。

军事方面，鉴于南北朝晚期突厥凭借其强大的军事力量不时侵扰北周、北齐，隋立国后便派将兵攻打突厥，后来更采用离间分化策略，使突厥分为东、西两部，彼此交战不已，隋则得以消除后顾之忧。

由于上述措施的推行，隋在文帝统治的最初20多年间，政治清明，人口增加，府库充实，外患不生，社会呈现出一片繁荣景象，历史上称为“开皇之治”。

科举制度

它是历代封建王朝通过考试选拔官吏的一种制度。由于采用分科取士的办法，所以叫作科举。其制创始于隋，确立于唐，完备于宋，而延续至元、明、清，至清光绪三十一年（1905）废除，历经1300多年。隋文帝为废除世族垄断的九品中正制，开始用分科考试办法选拔官员；隋炀帝时置进士科，允许普通士人应考。唐代于进士科外又置秀才、明法、明书、明算诸科，为常科，而由皇帝特诏举行的考试为制科；武则天时又增置武举。诸科中以进士科最为重要。至宋代，确立了殿试制度，使科举三级考试制度得以完备。宋以后，只有进士一科。为防止应试者及考官舞弊，历代都建立了完整的防范制度，在一定程度上体现了公平竞争的原则。在考试内容方面，唐代主要是诗赋和帖经；宋代主要是诗赋、经义、论、策；明、清则以《四书》《五经》为主。考试文体用八股文。唐代进士及第后，经吏部考试合格方授官；宋代进士一至四甲可直接授官；明、清进士均可直接授官。

三甲

古代中国科举制度中殿试中进士第一、第二、第三名的合称，又称“三鼎用”。一甲三名赐进士及第，通称状元、榜眼、探花；二甲赐进士出身，第一名通称传胪；二甲赐同进士出身。

殿试在唐代已有，至宋初成为定制。唐武则天时，试贡举之士立于殿前，门下省长官奏状名次最高者置于最前，因而称为状头，也叫作状元。自宋代起，沿用旧称，以殿试第一甲第一名为状元。

科举殿试一甲第二名称榜眼。北宋初期，殿试录取的一甲第二、第三名都称榜眼，意思是指榜中双眼。明、清两代专指第二名，第三名称探花。榜眼授翰林院编修。

科举殿试一甲第三名称探花。唐代进士曲江杏园初宴，称“探花宴”，以同榜俊秀少年进士二三人为探花使，遇游名园，探采名花，探花之名始于此。宋代又称探花郎。南宋以后，探花专指殿试一甲第三名。元、明、清三代沿袭不改，探花授翰林院编修。

大索貌阅

隋朝建立后，因此前北方长期战乱，农民流离失所，加之官府赋役繁重，农民或依附豪强大族，脱离国家户籍；或虚报年龄，逃避赋役，致使户籍散乱不实，故行此法。隋廷令地方官府和基层的三长按户籍上登记的人口对各户进行核查，以查明有无隐匿人口，并根据人口的体貌核实户籍上登记的年龄，以防发生诈老诈小的现象。又规定堂兄弟以下一律分居，各自立户。还鼓励告发，若纠得一丁，则令被纠之家代告发者输赋役。如核查户口不实，一经发现，地方官吏解职，里正、党长发配远地，史称“大索貌阅”。据史载，仅开皇初年于北方地区的一次大索貌阅即检括出壮丁 44 万余人，164 万余口编入国家户籍。大业五年（609 年），又于全国范围内进行，共检出 20 余万丁，新增 64 万余口。

仁寿宫之变

隋文帝次子杨广为了夺取帝位，伪装节俭仁孝，陷害太子杨勇，终于在600年谋得太子之位。604年，隋文帝在仁寿宫病危，杨广与丞相杨素密谋夺位之事，密谋信件不慎传到文帝手中，隋文帝大怒。当晚，杨广撤去左右宫人，带人进入文帝寝殿。不久，隋文帝的死讯传出，杨广随即继位为隋炀帝。

黎阳兵变

隋炀帝即位之后借故铲除了许多功高位重的人，以巩固自身的统治。大臣高颎、贺若弼，都以“诽谤朝政”被杀，大将杨素病死而免遭杀身之祸。即位3年，隋炀帝进攻高丽，命杨玄感于黎阳督运粮草。杨玄感乘机集合少壮运夫等数千人，百姓积极响应，队伍发展到10余万人。隋炀帝闻杨玄感起兵，甚恐慌，立即令宇文述等击杨玄感。李密提出断绝炀帝的归路，是擒贼擒王的上策；夺取长安，与隋朝对峙，是为中策；下策才是袭取东都。杨玄感不听，围攻东都，久攻不下，隋朝援军四集，杨玄感兵败而死。

三征高丽

隋朝开国之后，高丽成为国家东北部最为严重的边患。自大业六年（610年）开始，隋炀帝就着手准备出征高丽。672年正月，隋炀帝集中水陆大军100多万人向高丽的都城平壤进发。水军由右翊大将军来护儿统领，从东莱海口出发；隋炀帝则亲自统率陆军，从涿郡出发。陆军于六月抵达辽东，遇到高丽军队的顽抗，推进受阻。宇文述所领的部队推进到距离平壤城只有30里的地方，因为军中补给不足退回，在归途中遭到伏击惨败。来护儿的水军轻敌冒进，遭遇伏击，又听说宇文述兵败，就自动撤兵回国。第一次征高丽宣告失败。此后，隋炀帝又分别于613年和614年连续两次出征高丽，但是都无功而返。随后，高丽国派遣使者与隋朝议和。

瓦岗起义

隋朝末年，全国农民不堪压榨纷纷起义。611 年翟让和徐世勋在瓦岗寨（今河南滑县东南）领导农民起义。翟让原在东郡衙门里当差，因得罪上司，被关进监牢，并被判处死罪。后来，有个同情他的狱吏趁夜将他放了。翟让逃到附近的瓦岗寨，招集一些贫苦农民组成一支队伍，队伍迅速壮大到一万多人。616 年，李密投奔翟让，鼓励翟让推翻暴君，于是，瓦岗军发兵攻打荥阳。隋炀帝接到荥阳太守的告急文书，派大将张须陀带领大军到荥阳镇压。李密请翟让正面迎击敌人，他带了1000 人马在荥阳大海寺北面的密林里埋伏。结果，隋军全军覆没，张须陀阵亡。

经过这次战斗，李密的威望提高了，翟让还把首领的位子让给了李密。大家推李密为魏公，兼任起义军元帅。瓦岗军在洛口建立了自己的政权，又乘胜攻下许多郡县，隋朝官吏士兵纷纷来降。瓦岗军一面继续围攻东都，一面发出讨伐隋炀帝的檄文，历数炀帝的罪恶，号召百姓起来推翻隋王朝的统治。瓦岗军的声势震动了整个中原。正当瓦岗军蒸蒸日上时，李密为了保住自己的地位，把翟让杀了。从此，瓦岗军走向衰落，余部后来投靠了李渊。

雕版印刷术

我国最早发明的印刷术始见于隋。将所印书稿反刻在一块块木板上，使字凸出，然后在字面上涂墨，覆上纸，轻刷之后，字迹便可印在纸上。熟练的工匠一天可印约 2000 张。该技术在唐代得到进一步发展，宋代更趋完善，今天能见到的宋刻本书籍达 700 多种。

第二章　唐朝（618—907年）

李渊建唐

677年，李渊率军攻入长安。当时隋炀帝正在江都，于是李渊立炀帝之孙代王杨侑为帝（即恭帝），遥尊炀帝为太上皇，而自己进封唐王，掌握了朝廷的军政大权。次年三月，隋炀帝在江都死于叛乱，李渊逼恭帝“禅让”，自己即位为帝，建国号为唐，是为唐高祖。

玄武门之变

李渊建唐的过程中，以次子李世民功勋最为卓著。李渊即位后，立长子李建成为太子，封李世民为秦王，然因李世民声望极高，且又任尚书令，执掌全国最高行政权，故威胁着李建成的太子地位，兄弟之间渐生矛盾。武德六年（623年），李建成和四弟李元吉结为一派，与李世民明争暗斗。双方结党营私，网罗人才，不断扩大势力。

武德九年（626年），李建成、李元吉借突厥进犯之机，密谋将秦王府的精兵骁将调往前线，以解除李世民的兵权，又策划于昆明池设宴，诱杀李世民。李世民闻讯，与长孙无忌、尉迟敬德、房玄龄等人密商，决定先发制人。是年六月四日，李世民派尉迟敬德等人伏兵于玄武门（长安太极宫北门）。清晨李建成、李元吉兄弟入朝，经玄武门时遭袭击。李世民射杀李建成，尉迟敬德杀李元吉，又击败东宫和齐王府卫队，史称“玄武门之变”。事变后，李渊被迫立李世民为太子。两个月后，李渊退位，传位于李世民，是为唐太宗。

贞观之治

唐贞观年间（627—649 年），太宗君臣以隋亡为鉴，励精图治，虚心纳谏，实行了一系列开明的政策和措施，如修律令，置科举，改善吏治，减轻赋役等。这一时期，房玄龄、杜如晦、魏徵、长孙无忌等名臣名将辈出，政治清明，经济繁荣，民族关系融洽，社会升平，国力强盛，史称“贞观之治”。

租庸调制

唐前期实行的一种赋税制度。唐前期在均田制基础上实行的向授田课丁（人丁）征派的田租、力庸和户调三种赋役的合称。规定每丁每年纳粟 2 石（即租），另随乡土所产交绫或绢 2 丈，如纳布为 2 丈 5 尺，输绫绢者纳绵 3 两，输布者纳麻 3 斤（即调）。每丁每年须服力役 20 天，无事则纳绢、布代力役（即庸），每日折绢 3 尺，有事加役者 30 天则租调全免，但连正役不得超过 50 天，遇灾另有减免。唐中叶，均田制弛坏，租庸调无法维持，后被两税法取代。纳绢代役保证了农民的生产时间，在客观上有利于农业生产。

房谋杜断

贞观三年（629 年）二月，李世民以房玄龄为左仆射，杜如晦为右仆射，魏徵为秘书监，参与朝政。

房玄龄，齐州临淄人。参与玄武门之变，助李世民得帝位，深得李世民信任，精于理政，为贞观时主要谋划者和执行者。

杜如晦，字克明，京兆杜陵人。少即聪悟，好谈文史。隋末曾任滏阳尉。唐兵入关中，助李世民筹谋，官至陕东道大行台司勋郎中。太宗即位，任右仆射，与房玄龄共掌朝政，并称“贤相”，时人合称“房杜”。

《旧唐书》载："世传太宗尝与文昭（房玄龄）图事，则曰：非如晦莫能筹之。及如晦至焉，竟从玄龄之策也。盖房知杜之能断大事，杜知房之善建嘉谋。"又载："文含经纬，谋深夹辅。笙磬同音，唯房与杜。"两人精于理政，制定了各种典章制度，为"贞观之治"的开创立下了汗马功劳。

遣唐使

公元589年，隋朝结束了中国历史上近300年的南北分裂对峙局面，重新统一了中国，中国封建社会进入一个新的发展时期。当时，东瀛日本正处在从奴隶制到封建制的过渡阶段，为了学习中国先进的文化，便有计划地派遣使臣和留学生来中国访问、学习。当时，隋朝也派送使臣出使日本，并受到日本人士的热情欢迎和隆重接待。

到了唐朝，中日两国的交往更是达到一个前所未有的频繁程度。从公元630年开始的200多年中，日本天皇先后派出多批使者来到中国，学习唐朝的典章制度和文化礼仪。随同使臣一起来中国的，有官员、留学生和留学僧，人数多时有五六百人。由于他们都是由日本政府派遣的使者，所以被称为"遣唐使"。这些人在中国学习各种技艺，回国以后便积极传播唐朝的制度和文化，中国的典章制度、工农业生产技术、历法、哲学、历史学、文学、数学、医药学、建筑学、美术等都被介绍到日本。

据史书记载，唐朝时日本派来的遣唐使前后有13批，人数达数千人之多。遣唐使对推动日本社会的发展和促进中日友好交流作出了巨大的贡献，促成了中日文化交流的第一次高潮。

玄奘取经

玄奘（602—664年），俗姓陈，唐代著名高僧。贞观三年（629年），只身西行，历时4年，穿越西域大小百余国到达印度，潜心学佛。他在印度多次主持讲学和辩论会，以其渊博精深的学识震惊异邦。贞观十九年（645 年），玄奘从印度回国，轰动全国。此次他带回佛经 657 部，在朝廷资助下设立“译场”，专门从事佛经的翻译工作成为中国佛教史上著名的四大译经家之一。玄奘还创立了一个新的佛教门派——法相宗，被后世奉为该宗的一代宗师。

文成公主和亲

7 世纪，吐蕃首领松赞干布统一了青藏高原的众多部落，以逻些为首府建立了奴隶主政权。松赞干布多次派遣使者向唐王朝求婚。贞观十五年（641 年），唐太宗把文成公主嫁给他。文成公主入藏时，带去许多手工业品、药物、诗文经史以及其他自然科学方面的书籍。文成公主入藏和亲，促进了西藏经济和文化的发展，也加强了汉藏人民之间的友好关系，为民族的交往和融合作出了很大的贡献。

武则天称帝

唐高宗永徽六年（655 年），原唐太宗才人武则天被高宗册封为皇后。由于唐高宗身体状况较差，武则天协助处理政事，天下称高宗和武后为“二圣”。弘道元年（683 年），唐高宗病死，太子李显继位，即中宗。两个月后，武则天废中宗，改立李旦为帝，是为睿宗，武则天临朝称制。光宅元年（684 年），徐敬业在扬州起兵反对武则天临朝，被迅速平定，垂拱四年（688 年），武则天加尊号“圣母神皇”，称“陛下”，李唐宗室琅玡王李冲、越王李贞等起兵反抗，也被镇压，随后李唐宗亲相继被杀。天授元年（690 年），武则天废掉唐睿宗称帝，改国号周，建立武周政权，成为中国历史上唯一的一位女皇帝。武则天操政半个世纪，在政治上很有作为，但她任用酷吏，杀戮过重。神龙元年（705 年），武则天病重，李唐王室和旧臣发动政变，拥立唐中宗复位，重建了唐朝。

唐中宗复辟

683 年，唐高宗死后，太子李显即位，是为中宗，然而他次年就被武则天废为庐陵王。705 年，武则天病重，佞臣张易之、张昌宗兄弟二人想要独揽大权。宰相张柬之等 5 人发动政变，杀了张氏兄弟，拥中宗李显重新登位，恢复国号为唐。武周政权至此终结。

韦后之乱

唐中宗复位后，中宗每临朝，韦后必施帷幔坐殿上。中宗纵容韦后为所欲为，韦后与武则天之侄武三思等相互勾结，形成韦、武二家外戚势力相结合的腐朽集团，专擅朝政。韦后纵容女儿安乐公主卖官鬻爵，又大建寺院道观，强掠民财。韦后以皇太子李重俊非己所生，恶之。皇太子于神龙三年（707 年）秋七月发疾变，杀武三思、武崇训于其第，并杀其亲党 10 余人。韦后逼令中宗杀死太子，以其首祭三思、崇训之柩，驱逐宰相魏元忠等大臣出朝廷。

景龙四年（710 年），韦后及其党羽惧怕中宗追究罪行，合谋毒死中宗。中宗死后，韦后任用韦氏子弟，分据要司，欲重演武则天称制的故事，又惧怕相王（武则天第四子）和太平公主（武则天之女），与韦温、安乐公主密谋去之。相王之子李隆基与太平公主等谋划以“先事诛之”，发动宫廷政变，杀韦后、安乐公主等，韦后之乱遂被平定。

开元盛世

开元盛世又称“开元之治”。唐玄宗开元年间（713—741 年），任用贤相姚崇、宋璟，整顿吏治，精简机构，兴修水利，发展生产，使武则天以后动荡的政局重新稳定。由于政治安定，国势强盛，唐朝进入鼎盛时期，成为当时经济、文化繁荣昌盛的大国。当时四海升平，商业繁荣，公私仓廪俱丰实，史称“开元盛世”。

鉴真东渡

鉴真和尚（688—763 年），俗姓淳于，扬州人，唐代著名的高僧，精于佛教律宗。日僧入唐邀请高僧到日本传授戒律，最后决定邀请鉴真。天宝元年（742 年），鉴真不顾弟子的劝阻和地方官的阻挠，发愿东渡传法。前四次都未能成行，第五次漂流到海南岛，双目失明。第六次鉴真搭乘日本遣唐使团的船只东渡，终于在天宝十三年（754 年）到达日本，被日本人称为“过海大师”“唐大和尚”。他在日本传播佛教和先进的唐文化，后来被日本天皇任命为大僧都，成为日本律宗的始祖。763 年，鉴真在日本圆寂。他对中日文化交流作出了巨大贡献，1000 多年来一直受到日本人民的敬仰。

节度使

自唐中宗年间起，朝廷开始在边镇设置节度使，作为常设的军事长官。开元年间，节度使的设置越来越多。至天宝元年（742 年），全国共分设 9 道节度使，领兵 40 万。节度使逐渐成为集行政、财富、军事大权于一身的最高长官，由此埋下藩镇坐大的祸根。

安史之乱

唐玄宗统治后期，逐渐倦于政事，国事日趋糜烂。身兼范阳、河东、平卢三镇节度使的安禄山深得唐玄宗的信任，位高权重，手握重兵而心怀异志。755 年，蓄谋已久的安禄山与其部将史思明以讨伐杨国忠为名，起兵反唐，“安史之乱”爆发。叛军一路南下，势不可当。次年正月，安禄山在洛阳称大燕皇帝；六月，潼关失守，长安危急，唐玄宗仓皇入蜀，在行至马嵬驿时，军士发生哗变，杀死了杨国忠，并逼迫唐玄宗缢死杨贵妃。太子李亨在灵武即位，任郭子仪为将，并借用回纥兵力全力平叛。757 年，安禄山被其子安庆绪杀死，唐军乘机收复长安、洛阳等地。两年后，史思明率 13 万人进攻，洛阳再度沦陷。762 年，唐军再次收复洛阳。763 年，历时 8 年的安史之乱终于平息。这场内乱是唐朝由盛至衰的转折点，唐王朝的全盛时代从此结束。

藩镇割据

“安史之乱”后，部分节度使凭借自己手中的兵权、财权和中央政权相对抗。这种局面首先出现在唐代宗时期，叛乱的降将割据一方，不受中央政令的管辖，而且彼此间征战不断。在唐中后期，藩镇势力与中央朝廷互有消长，当中央政权比较强大时，就会想方设法地打击藩镇；中央政权比较弱小时，藩镇就会更跋扈一些。

两税法

由于土地兼并严重，均田制和租庸调制无法继续实行，为了解决财政上的困难，780 年，唐德宗接受宰相杨炎的建议，实行两税法。它的主要内容是：“以资产为宗”，即按土地、财产的多少来确定应纳税额。“费改税”，把当时混乱繁杂的税种和各类收费合并统一起来，归并为户税与地税两种。“以征收货币为主”，两税法以征收钱币为主。规定除田亩税以谷物形式交纳外，其他一律折合成钱币交纳。“统一征收时间”，两税法规定每年纳税时间分夏、秋两季。两税法的实行使唐政府的收入增多了，但地主把赋税转嫁给农民，农民所受的剥削更重了。

元和中兴

安史之乱后，唐朝形成了藩镇割据的局面。唐宪宗元和年间，随着政府财政状况的好转，朝廷对藩镇采取了较为强硬的态度，先后几次出兵平叛。817 年，大将李愬夜袭并攻陷淮西蔡州（今河南汝阳），长期割据的淮西镇自此归顺。此后，其他藩镇也纷纷表示听命，中央实现了暂时的统一，史称“元和中兴”。但是元和中兴没有恢复盛唐时富强繁荣的局面，820 年，宪宗被宦官毒杀，各藩镇变乱重起，而且出现了宦官专权的局面。

牛李朋党之争

唐后期，在宦官专权的同时，官僚集团内部的斗争更加激烈，他们各自结成不同的党派，相互倾轧。从 820 年到 859 年近 40 年的时间，以李德裕为首的李党与以牛僧孺为首的牛党发生了长期而激烈的争斗。牛党相对比较保守，而李党偏重革新。唐武宗时李党得势，唐宣宗时牛党当权。牛李党争局面的出现，其根本原因是皇权的威信大大降低，国家大权随着执政宰相的更迭而起伏；同时朝政日益腐败，两党的争斗除了政治主张的分歧，也夹杂朝臣们的个人恩怨。唐宣宗以后，由于宦官专权为祸日烈，朋党之争逐渐平息。

宦官专权

唐玄宗统治后期，宦官开始受到重用，安史之乱后宦官的权势进一步膨胀起来。代宗时，宦官程元振、鱼朝恩先后专权，并且控制了禁军，从此气焰更加嚣张。唐宪宗以后，唐朝有 8 个皇帝为宦官所立，两个为宦官所杀，大臣进退也任其随心所欲，宦官蛊惑皇帝，作威作福，加剧了朝廷的腐败和社会矛盾。

甘露之变

唐文宗时，宦官仇士良专权，历任内外五坊使、左神策军中尉等职，连文宗皇帝也受他控制。宰相李训与凤翔节度使郑注等人密谋铲除宦官集团。在杀宦官王守澄之后，唐太和九年（835 年）十一月二十一日，他们又以左金吾卫石榴树上有甘露为名，诱仇士良等人前去观看，以便诛杀之。不料李训等人事先埋伏的士兵暴露，被仇士良等人发现，诛杀之计失败。仇士良乃率兵捕杀李训、舒元舆、王涯等人。甘露之变时，郑注带兵入京，企图内外合力一举歼灭宦官集团。中途闻李训已败，乃退兵，被仇士良的爪牙张仲清杀害。因此事受株连者达千余人之众。仇士良残暴成性，大肆屠杀朝官。此人在职20余年，前后共杀2王、1妃、4宰相。

黄巢起义

875年，濮州（今河南范县）盐贩王仙芝发动起义，曹州（今山东菏泽）的盐贩黄巢率数千人起兵响应。878年，王仙芝在战斗中牺牲，余部归附黄巢。黄巢自称冲天大将军，很快将队伍扩展到十余万。881年，黄巢攻克长安，入宫即皇帝位，建国号大齐。唐僖宗仓皇逃至成都避难。由于受到唐残余势力的围剿，义军次年被迫从长安撤退，884年，黄巢在山东兵败自刎。唐朝统治受到起义的沉重打击，至此已经名存实亡。

初唐四杰

唐朝初年，出现了“以文章齐名天下”的“初唐四杰”，即王勃、杨炯、卢照邻和骆宾王。他们都是“年少而才高，官小而名大”。四杰之首王勃是个才学兼备的诗人，也是中国历史上少见的文学天才之一。

唐诗

中国古典诗歌到唐朝时发展到巅峰。唐诗继承了前代诗歌的优良传统，仅据清朝时所编的《全唐诗》统计，唐诗的作者有2200多人，诗歌48000多首。唐诗流派众多，风格多样，体裁完备，作品反映了社会生活的各个方面，达到前所未有的深度和广度。唐诗对后世的影响极其深远，哺育了一代又一代中国人。

唐传奇

中唐时期，随着城市经济的繁荣，通俗的叙述形式逐渐被人们接受和喜爱，于是涌现出许多重情节的传奇小说。唐传奇题材多取自现实生活，涉及爱情、历史、政治、豪侠、神鬼诸多方面，其中以爱情小说的成就最为突出，《李娃传》《莺莺传》《霍小玉传》是唐传奇的代表作品。

古文运动

魏晋南北朝以来浮艳空洞的骈文风靡文坛。唐玄宗时期，萧颖士等人建言摈斥骈体，恢复先秦两汉质朴的文风，开古文运动的先声。唐中期，韩愈力排佛教，崇奉儒学，并极力要求文学为政治服务，古文运动应运而生。古文指的是先秦两汉的散文，与骈文是相对立的概念。古文运动是在文体、文风和文字诸方面全面革新的运动。韩愈主张文章内容应为传播、发扬儒家道统服务，所谓“文以载道”，这样就必须革新文体，要“文从字顺”，“唯陈言之务去”，以质朴的散文取代浮艳空洞的骈文。古文运动结束了骈文长期统治文坛的局面，恢复了古代散文的历史地位，从而使散文以一种新的文学体裁独立于文坛。

火药的发明

火药是我国人民发明的，距今已有1000多年了。火药的研究始于古代炼丹术。中国是最早发明火药的国家，黑色火药在晚唐（9世纪末）时候正式出现。火药是由古代炼丹家发明的，从战国至汉初，帝王贵族们沉醉于神仙长生不老的幻想，驱使一些方士道士炼“仙丹”，在炼制过程中逐渐发明了火药的配方。

唐代炼丹家于唐高宗永淳元年（682年）首创硫黄伏火法，用硫黄、硝石研成粉末，再加皂角子（含碳素）。唐宪宗元和三年（808年）又创状火矾法，用硝石、硫黄及马兜铃（含碳素）一起烧炼。这两种配方都是把3种药料混合起来，已经初步具备火药所含的成分。

第三章　五代十国（907—960 年）

朱温篡唐

朱温原是黄巢起义军将领，于中和二年（882 年）叛变降唐。唐僖宗任命他为左金吾卫大将军，充河中行营副招讨使，赐名“全忠”。由于他镇压义军有功，受封为宣武等四镇节度使、梁王，于汴州（今河南开封）建官署，逐步壮大实力，成为唐末势力最大的藩镇。文德元年（888 年），唐僖宗死。宦官杨复恭拥立僖宗弟李晔即位，是为唐昭宗。宦官与朝官间的斗争愈演愈烈，且各自拉拢藩镇以为后援，宦官韩全诲勾结凤翔节度使李茂贞，宰相崔胤则依靠朱温。

天复元年（901 年），崔胤召朱温统兵入长安，谋诛宦官。韩令诲挟昭宗至凤翔（今属陕西）。朱温出兵击败李茂贞，挟持昭宗返回长安，又诛杀宦官数百人。天祐元年（904 年），杀崔胤，逼昭宗迁都洛阳（今属河南）。是年八月，杀昭宗，立其子李柷为帝，是为哀宗。次年，又在白马驿杀宰相裴枢等 30 余人，沉尸黄河，遂独揽大权。天祐四年（907 年），逼哀帝退位，自立为帝，国号梁，史称后梁。唐亡，从此，中国历史进入五代十国时代。

石敬瑭建后晋

后晋的建立者石敬瑭是后唐明宗李嗣源之婿，因随明宗征战有功，历任重镇的节度使。后唐末帝时，他以割地、称臣、纳贡为条件，请契丹出兵灭唐。936 年，石敬瑭出兵 5 万，一举攻入洛阳，灭了后唐。石敬瑭即位，国号晋，迁都大梁（今河南开封），史称后晋。石敬瑭从此认辽主为父，自称“儿皇帝”，每年贡给契丹帛 30 万匹，而且将“幽云十六州”割让给了契丹。

周世宗改革

周世宗，本姓柴，名荣，邢州龙冈（今河北邢台西南）人。后周太祖郭威养子，更姓郭。显德元年（954 年）嗣帝位。即位后，勤于政事，锐意改革，在政治、经济、军事上多有建树。在政治上，他选用良才，整顿吏治；统一律令，整肃纲纪；虚心求谏，明知得失。在经济上，奖励垦殖，招抚流亡；均平田租，压抑豪强；兴修水利，整顿漕道；裁汰僧尼，抑制寺院经济。在军事上，赏罚分明，严明军纪；汰弱选精，加强禁军。

通过改革，后周经济发展迅速，社会安定，国力强盛。周世宗遂开始进行局部的统一战争。显德二年（955 年），他 3 次亲征淮南，攻占南唐江北、淮南 14 州 60 县，后收取瀛（今河北河间）、莫（今河北任丘）、易（今河北易县）、兰州之地和瓦桥关（位今河北雄县）、益津关（位今河北霸县）、淤口关（位今霸县信安镇）。世宗正欲挥师北进幽州时，突患重病身亡，北伐受挫。世宗的南征北伐，为宋朝统一南北奠定了基础。

幽云十六州

幽州指今天北京一带，云州指山西大同周围。幽云十六州自战国时代以来一直是中原王朝抵挡北方游牧民族南下侵扰的战略要地。后唐末年，石敬瑭将幽云十六州割与契丹，使以后相继的王朝（后汉、后周、北宋）在与游牧民族的交战中处于不利境地。北宋初年朝廷曾试图收复该地区，未能成功。

第七篇

宋：文化的盛世

第一章　北宋（960—1127年）

杯酒释兵权

967年，宋太祖接受赵普的建议，召石守信、王审琦等手握兵权的夙将饮酒，劝谕他们放弃兵权，多积钱财，多置田产，颐养天年。次日，石守信等大将辞去了中央军职，离开京都去当了各地节度使。从此，自晚唐以来武将专横、臣强君弱的痼疾被解除了。

主客户制

宋代户籍分为主户和客户。主户，指拥有土地和资产，承担租税赋役的人户，亦称税户，又分为城郭主户和乡村主户。乡村主户依据田产多寡列为五等，官府按户等高下摊派赋税和差役，但上户常凭借权势隐产逃税。尤其是官户、吏户这些地方上有势力的豪富人户，时称“形势户”，倚仗权势，横行乡里。宋代对官户，即品官之户免除其应承担的大部分差役，享受朝廷的俸禄和赏赐，且另立户籍，与民户不同。

客户，指无土地和资产的人户，亦分城郭客户和乡村客户。乡村客户也称佃户、浮客、牛客、小客等，为乡村中的佃农，他们租佃乡村上户的田地、耕牛，受地租和高利贷的剥削。地租一般为对分制，若租人之牛，则需交纳收获物的6/10。客户不作为地主的“私属”，是国家的正式编户，需交纳身丁税，承担劳役，受朝廷的剥削，亦要与下户共同承担上户转嫁的赋役，负担尤为沉重。

雍熙北伐

982年，辽景宗死，年幼的圣宗继位。雍熙三年（986年），有大臣劝宋太宗趁辽主年幼出兵攻辽，于是太宗派三路大军讨伐，兵力超过30万，结果惨败。雍熙讨伐失败后，宋朝君臣对关于辽的和战问题展开激烈地讨论，最后主和的意见占了上风。于是，北宋对契丹（辽）完全停止了争战，从而转入被动地防御。

宋辽澶渊之盟

1004年，辽皇太后和辽圣宗以收复瓦桥关南十县为名率兵南犯北宋境内。十一月，辽军抵达重镇澶渊城北，直接威胁宋朝的都城东京开封。宰相寇准临危不乱，力请宋真宗亲征澶渊。宋军在澶渊前线射杀了辽军统军使萧挞凛，辽军士气受挫。宋真宗在寇准的催促之下登上澶州北城门楼以示督战，宋军士气大振。两军对峙，辽军因折将受挫，同意与宋议和。同年十二月，双方达成以下协议：宋辽各守疆界，互不侵犯，约为兄弟之国，辽帝称宋帝为兄，宋帝称辽帝为弟；宋朝每年给辽绢20万匹，银10万两，称为岁币；双方人户不得交侵，对于逃亡越界者，双方都要互相遣送。澶渊之盟是宋辽双方势力均衡条件下的产物，此后宋辽形成长期并立的形势，两国之间不再有大的战事。

好水川之战

1041年，西夏发精兵10万攻打渭州（今甘肃平凉），北宋将领任福率领数千轻骑与西夏军战于张家堡（今甘肃隆德北），西夏军佯装败退，引宋军追至好水川（今甘肃静宁东），却暗中在此埋伏了10万精兵，宋军中了西夏军埋伏，遭到惨败。从此以后，宋对西夏完全变为守势，不再轻言进攻。

宋代的谏院

宋代谏官并不专任谏职，常弹劾大臣，而御史台的御史，也并非专察臣僚，言事御史主要是向皇帝进言，其职责类同谏官，宋代常以台谏并称。南宋淳熙十五年（1188年）因谏官不专任谏职，再度设置左、右补阙、拾遗，专任谏正皇帝之职，不久亦废。

宋天禧元年（1017年）由门下省析置，以左右谏议大夫、左右司谏、左右正言为谏官，掌谏诤，凡朝政缺失，大臣及百官任用不当，朝廷各部门事有违失，皆可谏正。如以他官主管谏院称知谏院，司谏、正言亦有主官谏院称知谏院，司谏、正言亦有主管其他事务而不预谏诤者。元丰五年（1082年）改革官制，定左右谏议大夫为谏院长官，谏官专司谏诤。元祐八年（1093年）规定谏官不用执政官亲戚。辽有左谏院属门下省，右谏院属中书省，金亦有谏院，设官与宋略同。

庆历新政

宋仁宗时，由于对西夏战争的失利和向辽国输“纳”的增加给国家带来了沉重的负担，统治的危机迅速加深。庆历三年（1043年），范仲淹为相，他在富弼、韩琦和欧阳修等人的支持下，提出改革方案，内容涉及整顿官僚机构、改革吏治、富国强兵、取信于民等，历史上称作庆历新政。庆历新政以缓和阶级矛盾为主要目标，触动了官僚地主阶级的利益，遭到他们的强烈反对。范仲淹被诬陷专权结党而被迫请补外职，其他参与改革的人也相继被罢官，实行仅一年多的新政措施被全部废除，新政宣告失败。社会危机依然没有解除。

王安石变法

宋神宗即位后想改变国家积贫积弱的局面，对王安石的变法主张十分赞赏，于熙宁二年（1069 年）任命王安石为参知政事（副宰相），次年升任同中书门下平章事（宰相）。变法中建立制置三司条例司（主管制定盐铁、度支、户部三司条例的官署），作为领导变法的机构。他从“理财”和“整军”两方面着手，颁布一系列新法。属于“理财”范围的有农田水利法、青苗法、免役法、方田均税法、市易法、均输法；属于“整军”方面的有保甲法、保马法、置将法和设军器监。新法的推行在一定程度上限制了豪强兼并势力，缓和了国家财政和军事危机，但因各项新法或多或少地触犯了中上级官员、皇室、豪强和高利贷者的利益，最终被废除。

蔡京擅权

蔡京年轻时为了出人头地，一度参与王安石变法，官职得到迅速提升。宋神宗死后，旧党掌权，蔡京随风转舵，又极力靠拢司马光，他曾先后 4 次任相，前后达 17 年之久。当权期间，他大兴土木，劳民伤财，把持朝政，排除异己，公然受贿，卖官鬻爵。金军南下之际，蔡京携重金首先逃出开封，以避战乱，引起群臣的攻击。1126 年被贬去官职。

方腊起义

北宋宣和二年（1120 年）十月，睦州青溪农民在方腊的领导下聚众起义。方腊自称圣公，建立了政权，任命了一批官吏将师。两浙地区的农民纷纷响应，起义队伍很快就扩大到数万人。1121 年二月，义军占领睦、歙、杭等 6 州 52 县，起义斗争达到了高潮。北宋朝廷任命童贯为江淮荆浙宣抚使，率领 15 万精锐禁军南下镇压。宣和三年（1121 年），起义失败，方腊被俘，就义于开封。

宋江起义

在方腊起义之前，宋江已经在河东和京东地区起义，义军转战青、齐、单、濮各州，多次打败官军的进攻。宣和三年（1121 年），起义军被海州知州张叔夜伏击，损失巨大，宋江向张叔夜投降。这次起义极大地震撼了北宋王朝的统治。

靖康之变

北宋靖康元年（1126 年），金兵分东、西两路南侵。十一月，两路金军陆续抵达汴京城下，城中宋军不过数万，京城危在旦夕，但城中军民的抗敌情绪十分高昂，请求作战的群众多达 30 万人。宋钦宗却亲往金营议降，答应了金人提出的巨额勒索。靖康二年（1127 年），钦宗再赴金营时被扣押。北宋朝廷严令禁止军民武装抗金。二月，金军下令废除徽宗和钦宗二帝，北宋宣告灭亡。四月，金军掠夺了大量的财物，带着徽、钦二帝及宗室、大臣等 3000 多人撤离汴京。这就是“靖康之变”。

活字印刷术

北宋仁宗时期，毕昇发明了活字印刷术，用胶泥刻成单个的字，印刷时排版，一版印完以后排版再印，字印可以重复使用，和雕版印刷相比，极为神速。活字印刷术的发明大大提高了书籍的印刷速度，是印刷史上具有里程碑意义的事件。

新古文运动

北宋文坛受变法思潮的影响，也兴起了革新之风。当时欧阳修主张“文道合一”，提出散文要与社会现实结合的观点，提倡创新精神。王安石也主张文章的实用性；曾巩的作品严密周详，语言简练含蓄，多为书信、杂记的形式；“三苏”父子之文更是雄健奔放，名冠一时。新古文运动极大地冲击了晚唐以来文坛上的陈腐华靡之风，使散文内容充实，意境开阔，开创了散文创作的新阶段。

三苏

苏洵（1009—1066年）、苏轼（1037—1101年）、苏辙（1039—1112年）父子三人，号称“三苏”。苏洵主张散文应“有为而作”，反对华而不实的形式主义文风，笔调雄健奔放，论据精辟，代表作有《管仲论》《辨奸论》。苏轼认为散文应酣畅淋漓，简明透彻地表述作者的思想感情，其作品汪洋恣肆，意态横生，代表了宋代散文的最高水平，论说文《教战守策》，记叙文《喜雨亭记》《石钟山记》，赋体散文前、后《赤壁赋》，都是名篇佳作。苏辙以政论文见长，剖辨明析，论理严谨，如《六国论》。

乌台诗案

王安石主张变法以后，苏轼对变法中的一些条款很不赞同，并做出评判。苏轼诗词中有一首《咏桧》诗，当时的监察御史告发此诗指刺皇上，图谋不轨。苏轼被革职治罪，御史台自汉以来别称“乌台”，所以此案亦称为“乌台诗案”。后来，神宗亲阅案卷，觉得此案未免有些牵强附会。他说：“诗人之词，安可如此论？彼自咏桧，何与朕事？”于是下令将苏轼免罪释放，贬谪黄州。乌台诗案实质上是宋神宗时期由于苏轼作诗而触发的一桩政治官司，可以说是中国历史上文字狱的开始。

宋词

词始于唐，兴于五代，盛于两宋。宋代宫廷设教坊教习音乐，城市有歌楼瓦肆，乡村传唱民歌小调，为词的繁兴创造了条件。因此，词成为两宋的主要文学形式，故称宋词。宋词数量巨大，《全宋词》共收录词人1330多家，作品19900多首。宋代词人创作风格各异。婉约派代表人物柳永，擅长慢词长调创作，多反映市民生活，代表名篇《雨霖铃》（寒蝉凄切）；女词人李清照继承了柳词风格，其词委婉含蓄、清新淡雅，被视为婉约派正宗，代表作《声声慢》（寻寻觅觅）。豪放派词风豪迈奔放，代表词人有苏轼、陆游、辛弃疾。格律派因注重格律而得名，辞藻工丽，音律典雅，但内容狭隘，意境不高，代表人物有周邦彦、姜夔等人。

话本

宋代"说话"（说书）人的底本，也称为"话文"，或简称"话"。"说话"就是讲故事，类似现代的说书。话本的内容有佛经故事（说经）、历史故事（讲史）、灵怪、传奇、公案、武打、人物（小说）等。其中，最为世人喜欢的是小说。宋代传到今天的"话本"有《大唐三藏取经诗话》《三国志平话》《五代史平话》《大宋宣和遗事》《京本通俗小说》等。以"说话"为主的艺人称"说话人"，"话本"各有独立的科目。宋代各大城市都有不少娱乐场所，如瓦子、勾栏等。"说话人"不仅在这些场所表演，还经常深入到乡村。

陆游曾以诗记述宋代"说话"艺术的景况："斜阳古柳赵家庄，负鼓盲翁正作场。身后是非谁管得，满村听说蔡中郎。"

程朱理学

从北宋时起，理学家们继承韩愈的思想，重新整理儒家学说的传统，把儒、佛、道三家加以融合。北宋时理学的奠基人是周敦颐，其主要著作是《太极图说》和《通书》，在书中他主要阐述了自己的客观唯心主义宇宙观。他的学生程颢和程颐进一步发展了这种学说，初步建立理学的客观唯心主义体系，他们的哲学最高范畴就是"理"，这是不以人的意志为转移的、不受时空限制的宇宙的本体，是自然界和人类社会的最高法则，能做到“明天理，去人欲”，自然可以天下太平。南宋时，朱熹发展了二程关于“理”的学说，建立起庞大的理学体系。因为朱熹师承二程的学说，所以后代把他们所建立的这种哲学称为“程朱理学”。

交子

交子是世界上最早流行的纸币，北宋初年在四川成都开始流行。成都在北宋时期是一个商业繁荣、商品交易发达的地区，然而最初使用的交换货币是铁钱。这种铁质的钱虽然很重，价值却很低。一些商人在交易中发明了一种楮制（纸）的券。他们在楮券上暗藏标记，隐蔽密码，并以此代替铁钱，从而大大方便了日常的商品交易。当时这种楮券被称为“交子”，与现在的存款凭据相近。

“交子”的出现便利了商业往来，是我国货币史上的一大业绩。此外，“交子”作为我国乃至世界上发行最早的纸币，在印刷史、版画史上占有重要的地位，对于研究我国古代纸币印刷技术有着重要的意义。

第二章　南宋（1127—1279 年）

建康之战

1129 年冬，金将兀术率军渡江南侵，尾追高宗不及，掳掠一番后北归，在黄天荡（今江苏南京附近）遭到宋将韩世忠截击，逃往建康。岳飞率兵出击，半月内多次大败金军，收复了建康。这是岳家军首次大捷。

岳飞抗金

岳飞（1103—1142 年），字鹏举，相州汤阴（今属河南）人，南宋著名军事家，抗金英雄。他童年时候跟从名师学习武艺，能左右开弓。他还精通兵法，喜欢学习历史。南宋初，他参加北方人民组织的抗金队伍“八字军”，后来到开封，受到南宋抗金老将宗泽的赏识。由于勇敢和才干出众，他立下多次战功，很快升为一支军队的将领。岳飞的军队纪律严明，老百姓亲切地称呼他们为“岳家军”。岳家军练兵认真，作战勇敢，能够以少胜多，在突然受到敌人袭击时一点也不慌乱。就连老对手金兵也说：“推倒一座山容易，动摇岳家军的阵容很难!”

郾城大捷

宋金战争重要战役之一。1140 年，岳飞率军北伐，在郾城与金军主将兀术展开决战，金军以全副武装的步兵居中，以号称“拐子马”的 1.5 万骑兵分居两翼，列阵进攻。岳飞同儿子岳云等迎战，令将士手持刀斧专砍马足，使“拐子马”失去战斗力。宋将杨再兴单骑冲入敌阵，欲活捉兀术未成，杀敌数百。两军战至傍晚，金军败退。

隆兴和议

绍兴十九年（1149 年），金廷政变，海陵王完颜亮杀金熙宗完颜亶自立为帝。绍兴三十一年（1161 年）九月，对南宋发起大规模的进攻，进逼至长江北岸。高宗随即传位给养子赵昚，是为孝宗。孝宗力主抗金，起用张浚等主战派，并为岳飞父子昭雪，斥逐朝中秦桧党人。隆兴元年（1163 年）五月，在枢密使张浚等人的倡议和策划下，宋军北伐，一度收复宿州（今安徽宿县）等地。最终因副招讨使邵宏渊消极退却，北伐失败。

宋廷内投降派借机攻击主战派，张浚等人辞官。隆兴二年（1164年），在太上皇赵构等人的压力下，孝宗被迫与金订立和约：改金与南宋的君臣关系为叔侄关系；改“岁贡”为“岁币”，改银、绢各5万两、匹，为各20万两、匹；双方疆界仍以“绍兴和议”为准。史称“隆兴和议”。

嘉定和议

宋淳熙十六年（1189年），孝宗赵昚传位给太子赵惇，是为光宗，自己做太上皇。光宗即位后，受制于李皇后，不问政事。宗室赵汝愚、外戚韩侂胄借机逼光宗退位，立其子赵扩为帝，是为宁宗。此后，韩侂胄于朝中排斥异己，独掌朝政。

开禧二年（1206年），北方蒙古起兵反金。韩侂胄贸然出兵伐金。宋军大部分将领无心抗金，在收复一些失地后遭金军反击，宋军大败而逃。北伐失利，投降派向金朝乞和。开禧三年（1207年），礼部侍郎史弥远遵照金朝的要求，勾结参知政事钱象祖等人，将韩侂胄秘密处死。事后，钱象祖升任右相，史弥远任同知枢密院事，投降派控制朝政。嘉定元年（1208年），史弥远刨棺割取韩侂胄首级呈献金朝，与金重订和约：改金、南宋叔侄之国为伯侄之国；岁币增至银30万两、绢30万匹，南宋另付金犒军费银300万两；两国疆界仍以“绍兴和议”为准。史称“嘉定和议”。和议订立后，南宋在史弥远专权下统治愈发腐朽黑暗，全面走向衰败。

绍熙内禅

淳熙十六年（1189年）二月，宋孝宗传位于太子赵惇，即宋光宗，第二年改元绍熙。宋光宗长期患病，不能理政，李皇后操纵朝政，宦官、权臣乘机弄权，政治十分黑暗。绍熙五年（1194年），太上皇病危去世，光宗始终未去问疾，也不执丧，满朝文武对这件事议论纷纷。光宗表示想要退位有大臣向光宗建议由嘉王赵扩监国。

枢密使赵汝愚和知阁门事韩侂胄随即拥立嘉王赵扩为帝，是为宁宗。光宗被尊为太上皇，史称“绍熙内禅”。

庆元党禁

赵汝愚和韩侂胄拥立赵扩即位后，两人之间的矛盾渐深。庆元元年（1195 年）韩侂胄上书弹劾赵汝愚，赵汝愚被罢相，后又被迫自杀，为他说话的人也都陆续被放逐。庆元二年（1196 年），韩侂胄当政，凡和他意见不合的都被定为逆党，获罪的人达到 50 多人，史称“庆元党禁”。

联蒙灭金

南宋晚期，蒙古族为求向南发展，欲利用宋金矛盾，联宋攻金。1232 年，蒙古可汗窝阔台派使者来到南宋，商议共同伐金。双方协议，灭金后黄河以南的土地归宋。次年，宋朝精兵与蒙古共同攻打金国最后的战略据点蔡州（今河南汝南），蔡州城破，金国灭亡。不过，蒙古军不肯履行约定，双方由此引发了战事。

文天祥抗元

1276 年，元军大举进攻南宋并占领了临安，宋恭帝被俘。临安陷落以后，文天祥、张世杰、陆秀夫等率领军民坚持抗元斗争。同年五月，益王赵昰即位，是为宋端宗。端宗任命文天祥为丞相兼知枢密院事。文天祥建议组织水军经海路收复两浙失地，被左丞相兼都督陈宜中否决，他只好以同都督的身份离开朝廷前往江西发动军民抗战。

景炎二年（1277 年），文天祥率军反攻江西，先后收复赣州、吉州的部分土地。次年四月，宋端宗死，赵昺即位，改元祥兴，移驻广东。文天祥收拾宋军残部，坚持战斗，直至兵败被俘。被押往大都以后，文天祥拒绝了忽必烈的劝降，于 1283 年从容就义。

唐宋八大家

唐宋八大家是指唐朝和宋朝两代 8 位卓有成就的散文作家，即唐代的韩愈、柳宗元，宋代的欧阳修、苏洵、苏轼、苏辙、曾巩和王安石。

南戏

宋代，戏剧艺术也流行开来。宋统治区内有傀戏（木偶）、影戏（皮影）、杂剧。杂剧从唐代参军戏发展而来，角色由 2 人发展为 5 至 7 人之多。此外有以歌舞讲唱为主的戏曲。两宋之际，南方各地流行着各种唱法的地方戏，总称“南戏”。南戏原是由顺口的小曲发展起来的，后吸收了杂剧及其他民间技艺，作者多为下层文人，词语通俗，不为士大夫所重视，主要流行于今浙东、福建地区。到南宋末年，渐由民间繁衍而盛行于都下。最早的作品有《赵贞女蔡二郎》和《王魁负桂英》。

第八篇

辽西夏金元：金戈铁马，乱世风云

第一章　辽朝（907—1125年）

耶律阿保机建国

契丹族起源于东胡语系的鲜卑族，南北朝以来就在今西拉木伦河一带活动。842年，契丹摆脱回鹘的统治，逐渐发展起来。907年，契丹迭剌部的军事首领耶律阿保机成为契丹可汗，经过几年征战，于916年称帝，建国“大契丹”，年号神册。

景宗中兴

969年，辽穆宗被弑，世宗三子耶律贤继位，是为景宗。当时，辽朝由于统治集团内部纷争不断，已呈现衰败迹象。景宗即位后，进行了一系列革新，改革吏治，任用贤能，并于979年在高梁河之战中击败宋军，稳定了政局，为辽朝的中兴奠定了基础。

圣宗改革

辽圣宗耶律隆绪在位期间，在萧太后和韩德让等贤臣的辅佐下，进行了一系列改革，包括整顿吏治，开科举，修订法律，改革赋税，重编部族等，效果十分显著，使契丹社会完成了封建化的过程，从而将辽朝推向了极盛时期。

兴宗亲征西夏

1044 年，党项及山西五部归附西夏，兴宗亲率大军讨伐西夏。夏主元昊见辽军压境，连忙上表请罪，可还没等元昊到达辽营，辽军就发起进攻，结果被夏军击败。双方议和。1049 年，兴宗再次亲征西夏，大获全胜。西夏王李谅祚请和称臣，双方再次议和。

第二章　西夏（1038—1227 年）

元昊改制

1031 年，党项族拓跋氏首领德明逝世，太子元昊即位。元昊一向主张拓跋氏应当建国立邦，所以即位后进行了一系列改革：首先废了唐、宋两朝赐的国姓，又改元显道，颁布秃发令，并且建立完整的文武官制和兵制，创设西夏文字，制定礼乐。至此，西夏立国的条件日渐成熟。

天盛之治

1139 年，西夏仁宗即位。当时，西夏连遭地震、饥荒之灾，为缓和社会矛盾，仁宗下令赈济灾民，归还宋俘，平息各地叛乱，使局面逐渐稳定下来。接着，仁宗实行推崇儒学、开设科举、改定法律、发展生产等一系列有利于社会发展的政策。仁宗在位期间，西夏国内秩序井然，经济繁荣，幅员辽阔，成为西夏的盛世史称“天盛之治”。

河西失陷

西夏神宗时，西夏军多次被蒙古大军打败，还被迫与蒙古合兵攻打金国。1223 年，西夏军与蒙古军攻打凤翔（今陕西凤翔）时，因为久攻不下，西夏军统领竟领兵不辞而别。神宗怕蒙古责难，被迫让位给太子德旺，是为夏献宗。德旺即位后，结交漠北各部共拒蒙古，成吉思汗得知此事，派兵攻夏。德旺畏惧请降，蒙古退兵，可德旺没有按约定遣子入蒙古为质，而且接纳了叛逃而来的蒙古贵族。成吉思汗以此为由，于 1226 年亲率 10 万大军伐夏，占领了河西之地。

第三章 金朝（1115—1234 年）

完颜阿骨打建国

1112 年，辽天祚帝在混同江举行头鱼宴（春季第一次由皇帝亲自钓鱼并举行的宴会），女真各部依例前来朝会。席间，天祚帝令女真各部首领歌舞助兴，只有辽女真节度使完颜阿骨打始终不肯依从，引起群臣的不满。此后，完颜阿骨打开始进行反辽的准备。1114 年，完颜阿骨打率 2500 人起兵反辽，攻破宁江州，势力迅速壮大起来。1115 年，完颜阿骨打即皇帝位，建国号大金，他就是金太祖。

金太宗灭辽

1123 年，金太祖完颜阿骨打去世，其弟完颜晟继位，是为太宗。太宗继承太祖灭辽的方针，继续发兵征讨辽国。1122 年，辽天祚帝在太祖的进攻下逃到西夏境内。太宗派使对夏主晓以利害，夏国奉表称臣。1124 年，天祚帝重新出兵，结果大败被俘，1125 年辽灭亡。

金熙宗改制

1135 年，金熙宗即位，对金朝政治、经济等方面进行了重大改革。首先废除旧制度，采用汉官制度，建立了新的官制，并且颁行统一的法律，在经济方面实行计口授地，兴修水利，使金朝生产复苏，人民安居乐业，社会经济稳定发展。

金世宗治世

1167 年金世宗即位后，迁都中都（今北京），为改变国势不安定的局面，采取了一系列政策，任人唯贤，虚心纳谏，发展生产，减轻赋税和徭役，并且与南宋议和，与西夏、高丽和平共处，为生产的恢复和发展创造了条件。金世宗在位近 30 年，金朝封建化完成，出现了繁荣的局面。

榷场

辽、宋、西夏、金政权各在接界地点设置的互市市场。据《宋史·真宗纪》载："（景德二年二月）置霸州、安肃军榷场。"另据《建炎以来系年要录》载："（建炎元年九月）又欲于河阳置榷场，以通南货。"场内贸易由官吏主持，除官营贸易外，商人须纳税、交牙钱、领得证明文件后方能交易。贸易物品宋代以茶叶、香料、丝织品、药材、木棉、象牙为主，辽、金以毛皮、马、人参等为主。元灭宋前，双方在边境地区都设榷场贸易，管理方法也较之前严格，如对榷场地点的选定、货物内容、交易的方法等都有限制。

榷场贸易是因各地区经济交流的需要而产生的，对于各政权统治者来说，它还有控制边境贸易，提供经济利益，以及安边绥远的作用。所以，榷场的设置常因各政权间政治关系的变化而兴废无常。

第四章　元朝（1206—1368年）

四等人制

元建立后，蒙古统治者为维护自身的特权地位，对国内的其他民族实行压迫、分化、歧视的政策，根据民族和被征服的先后，将各族人口分为蒙古、色目、汉人、南人四等。四等人在法律和权利上不平等，量刑轻重也不同。在官吏任用上，汉人、南人不得任中书省丞相和枢密院长官，御史台长官非国姓不授。科举取士虽四等人平均分配，但对汉人、南人的考试程序规定尤为严格。此外，在持兵器、铁器，以及狩猎、结社、聚会、娱乐等方面，对汉人、南人有诸多限制。

行中书省

元朝统一中国后，为对国家实施有效地治理，实行行省制度。元世祖忽必烈在中央设中书省，统辖大都附近河北、山东、山西、内蒙古等地，其余各地除西藏归宣政院统辖外，均置行中书省，简称行省或省，作为地方最高行政机构。

行省掌管境内的钱粮、兵甲、屯种、漕运及其他军国重事，统领路、府、州、县。全国共设10个行省，即岭北、辽阳、河南江北、陕西、四川、甘肃、云南、浙江、江西、湖广。中国疆域轮廓大致形成。元代行省制度的确立，是对中国历来行政制度的一大变革。

明灭元后，改行省为承宣布政使司，但习惯上仍称行省，一般简称省。省作为地方一级行政区的名称一直沿用到现代。

仁宗之治

元仁宗爱育黎拔力八达自幼熟读汉族典籍。他即位后整饬吏治，废除武宗时设立的尚书省，恢复原来的中书省，并将武宗一朝的当权人物处死，恢复各地的行中书省，惩治地方贪官污吏，严禁诸王、贵戚的扰民行为。此外，他倚重汉人文臣，推行汉法，尊孔崇儒，仿照唐宋旧制恢复科举取士。

南坡之变

元延祐七年（1320 年），仁宗死，硕德八剌即位，是为英宗，时年 17 岁。英宗即位后锐意改革朝政，起用有“蒙古儒者”之称的拜住任中书左丞相。至治二年（1322 年），英宗在拜住的协助下全面推行新政：任用大批汉族知识分子，提倡举善荐贤，选拔人才；罢免一批有劣迹的蒙古、色目官僚，以清廉吏治；推行助役法，以减轻农民负担；颁行《大元通制》，统一政令。

至治三年（1323 年），英宗下令追查原中书右丞相铁木迭儿生前贪赃案，处死一批同党，追夺其官爵封赠，籍没其家。以御史大夫铁失为首的铁木迭儿余党惊恐万分，密谋刺杀英宗。同年（1323 年）八月，英宗与拜住等自上都（今内蒙古正蓝旗东）南返，行至距上都南 30 里的南坡驿驻营。是夜，铁失与铁木迭儿锁南、知枢密院事也先贴木儿等 16 人闯入皇帝行帐杀英宗、拜住，史称“南坡之变”。随后，铁失等人北迎晋王也孙铁木儿于上都即位，是为泰定帝。泰定帝先加封铁失等人，但不久又将他们全部诛杀。

红巾军起义

元后期，蒙古贵族疯狂地兼并土地，大批农民沦为奴婢。官府横征暴敛，苛税名目繁多，全国税额比元初增加了 20 倍。在这种情况下，韩山童、刘福通利用白莲教组织农民，于至正十一年（1351

年）五月在颍州准备起义。消息泄露，遭到敌人包围，韩山童被害。刘福通率众突围，攻占颍州，起义正式爆发。义军以红巾裹头，所以称作“红巾军”。

1355 年，刘福通率军攻下亳州以后，立韩林儿为“小明王”，国号“大宋”，年号“龙凤”，建立了农民政权。1357 年起，刘福通分兵 3 路北伐。由于北伐没有严密的战略部署和相对集中的统一指挥，而且没有巩固的根据地，所以进行得并不顺利，至 1362 年止，各路北伐大军被各个击破。1365 年，刘福通遇难，红巾军起义逐渐被镇压。

元代的戏曲

元代的儒生出路较窄，一部分转而关注通俗文学，故戏曲、小说都得到发展。戏曲在元代逐渐完备，分为杂剧（北曲）和南戏两个系统。杂剧有本色派和文采派之分，一般认为关汉卿为本色派大师，而王实甫为文采派巨擘。

杂剧

杂剧是历代歌舞艺术、讲唱长期发展而成的新的戏曲形式，始于两宋，盛于元朝。它是在宋杂剧、金院本和诸宫调的基础上逐步形成的。杂剧把歌曲、宾白、舞蹈结合在一起，成为一种综合艺术。元杂剧共 600 多种，现存 200 多种，杂剧作家 200 人左右。前期著名作家有关汉卿、王实甫、白朴、马致远、康进之、高文秀等，活动中心在大都，主要作品有关汉卿的《窦娥冤》、王实甫的《西厢记》、马致远的《汉宫秋》、白朴的《墙头马上》等。后期作家有郑光祖、乔吉、宫天挺、秦简夫等，活动中心在杭州，主要作品有郑光祖的《倩女离魂》等。

元曲四大家

“元曲四大家”之说，最早见于文字记载的是元音韵学家周德清的《中原音韵》。周以存世剧本和已知作家为基础，主要从音韵学角度提出了关、郑、白、马为“元曲四大家”之说。关即关汉卿，郑即郑光祖，白即白朴，马即马致远。此说一直为后世曲论家如王国维等所推崇。

第九篇

明清：走向近代化的彷徨

第一章　明朝（1368—1644 年）

锦衣卫

朱元璋建立明朝后，设立了特务机构——锦衣卫。锦衣卫的“诏狱”，有不经法司而进行刑讯、判罪和行刑的权力。锦衣卫官员经常利用特权任意逮人，草菅人命，造成了人人自危的恐怖气氛。锦衣卫与政府各部门没有隶属关系，所以明朝历代帝王都将其作为爪牙，用来监视臣民。

明朝“东厂”“西厂”

东厂、西厂均是明朝的特务侦察机构，其中锦衣卫有别于东、西二厂，不由宦官统领，属外官机构。东厂于永乐十八年（1420 年）设立于北京东安门北；西厂系成化十三年（1477 年）设于旧灰厂；锦衣卫原为内廷亲军，皇帝的卫队，洪武十五年（1382 年）设立。东、西厂的头目多由司礼监太监或秉笔太监充任，锦衣卫长官多由皇帝亲信心腹担任。

厂与卫的职权基本无差别，但由于锦衣卫属于外官，奏事需用奏疏，还有勋戚及其子弟参加，不如东、西厂太监亲近，故厂的势力要大于卫。这样，锦衣卫侦察一切官民，厂则侦察官民和锦衣卫，皇帝则直接领导与监督所有侦察机关，构成一套侦察特务体系。厂、卫可以不通过司法机构直接奉诏行事，受理词状，任意逮捕吏民，用刑非常残酷。厂、卫爪牙遍布全国，气焰嚣张，明末尤甚。

明朝的科举制度

明朝科举考试分为三级，第一级是院试，考试者不分年龄通称为童生，考试范围是州县，考试合格后成为秀才，秀才摆脱了平民的身份，有某些特权，如免徭役，见县长大人不下跪等。

第二级是乡试，属于省一级的统考，3 年一次，一般在八月，由省出题，而且有名额限制，考试过关的叫举人，举人是有资格做官，但不一定能做官，类似于今天的大学毕业不包分配。在乡试中获得第一名的人叫解元，这是三元里的第一元。

第三级是会试，只有获得举人资格才能参加，朝廷在其中大约挑选 300 人，称为“贡生”，会试考试的第一名叫会元，这是三元中的第二元。

通过会试的精英面对的最后一道考验就是殿试，在这场考试中，他们面对的是帝国的统治者，考试方式是皇帝提问，考生回答。皇上及大臣根据考生的表现，划分档次，共有三甲，一甲只有 3 个人，叫进士及第，分别是状元、榜眼、探花；二甲若干人，叫赐进士出身；三甲若干人，叫赐同进士出身。状元是三元里的第三元。通过会试，不管大小，就有官可做了。

状元 3 年才有一个，产量很低，但毕竟是有。所以读书人心中的最高荣誉不是状元，而是另一种称号，就是连中三元，具体说来就是身兼解元、会元、状元 3 个称号于一身，这是所有考生都向往的。

胡惟庸案

胡惟庸，定远（今属安徽）人，龙凤元年（1355 年）随朱元璋起义于和州。历任宁国主簿、太常少卿等，洪武三年（1370 年）官至中书省参知政事，后任左丞。洪武六年（1373 年）升右丞相，后进左丞相。在此期间，专权树党，毒害御史中丞刘基（即刘伯温）。朱元璋多次颁布诏令，规定功臣权限。洪武十三年（1380 年），朱元璋以“谋不轨”罪将其处死，并借机大兴党狱。洪武二十三年（1390 年）颁布《昭示奸党录》，以伙同胡惟庸谋不轨罪，处死韩国公李善长、列侯陆仲亨等开国功臣，后又以胡惟庸通倭、通元（北元），罪不容诛而究其党羽，前后共诛杀 3 万余人，史称“胡狱”。胡惟庸案与蓝玉案并称“胡蓝党案”，为明朝初年朱元璋杀戮开国功臣的两大要案。

蓝玉案

蓝玉，定远（今属安徽）人。初为常遇春部下，英勇善战，官至大都督府佥事，后参加平蜀、北伐、平定云南等战役。洪武二十年（1387 年），任大将军。洪武二十一年（1388 年），率 15 万兵征伐北元，大获全胜，进封凉国公。此后蓝玉恃功骄横，蓄养大批庄奴、假子，又强占东昌民田，欺凌百姓，横行乡里。洪武二十六年（1393 年），锦衣卫指挥使告其谋反，蓝玉随即被诛。列侯张翼等共 1. 5 万余人悉遭株连，史称“蓝狱”。蓝玉案后，明初开国元勋功臣几乎被杀戮殆尽，诸多江南豪族亦遭杀戮。

内阁

内阁是明朝废止丞相后设立的中央官署。洪武十五年（1382 年），为解决废除丞相后政务繁忙之弊，明太祖朱元璋定置华盖殿、谨身殿、武英殿、文渊阁、东阁大学士，备皇帝顾问，时称“殿阁大学士”，为内阁前身。殿阁大学士品阶较低，且不能参与政务，仅是皇帝的秘书班子。明成祖时，正式启用内阁名号，并准许阁臣参与机务，参加讨论国家机密，但不置僚属，不得专制百官。从明仁宗开始，阁臣权力渐重。明中叶以后，阁臣又取得“票拟”大权，内阁成为事实上的全国行政中枢机构，虽无宰相之名，实有宰相之权。

巡抚

巡抚又称抚台。明洪武二十四年（1391 年）始设。宣德五年（1430 年）渐成制度。巡抚初设时仅负责督理税粮、总理河道，后才偏重军事。明代巡抚虽非地方正式军政长官，但因出抚地方，节制三司（承宣布政使司、提刑按察使司、都指挥使司），实际掌握着地方军政大权。

总督的由来

总督又称总制，分专务和地方两种。专务总督以所辖专务为职，地方总督多因防边或镇压人民而设，以所辖地区军务为主。明正统六年（1441 年），首次以总督军务入衔。成化年间，近于定制。

靖难之役

明太祖为巩固统治，实行分封藩王制度，把 24 个儿子和 1 个从孙分封在北部边疆和战略要地，以辅卫王室。受封诸王中，尤以燕王朱棣拥兵 10 万，实力最强。洪武三十一年（1398 年），明太祖死。因其长子朱标早夭，遂由皇太孙朱允炆继位，是为惠帝，亦称建文帝。诸王骄横跋扈，惠帝颇感不安，恐形成尾大不掉之势，遂用齐泰、黄子澄削藩之策，借故先后削废周、齐、湘、岷、代五王。建文元年（1399 年）七月，燕王朱棣以“清君侧”，诛齐、黄为名，起兵北平（今北京），号“靖难军”，先夺占河北大部分地区，后挥师南下，直捣南京（今属江苏）。建文四年（1403 年），靖难军攻入南京，惠帝死于宫中。“靖难之役”后，朱棣夺取帝位，改元永乐，后建都北京。

郑和下西洋

郑和姓马，名三保，少年时进宫当了太监，在朱棣争夺皇位的战争中立下军功，因而被赐姓名为郑和。朱棣在筹划迁都北京时，宫殿需要大批器材、染料、香料及各种珍宝，都需要到海外去采购。所以朱棣亲自选派郑和下西洋（越南、柬埔寨、泰国、马来西亚一带）寻宝。郑和下西洋虽以寻宝为目标，却促进了明王朝与邻近各国的友谊，尤其郑和远航亚非各国，在政治、经济和科学文化方面都产生了深远的影响。郑和下西洋后，亚非许多国家先后派遣使节与明朝开展贸易往来。

仁宣之始

明仁宗朱高炽、明宣宗朱瞻基在位时期（1425—1435 年），在政治和经济等方面采取措施，稳定社会秩序，促进经济发展，史称“仁宣之始”。这一时期，内阁制度确立，以“三杨”为代表的杨士奇、杨荣、杨溥等殿阁大学士悉心辅佐，政治比较清明，且多次蠲免一些地区的租赋，又于水患多发地区兴修水利，疏浚河道，开仓赈济饥民，还肃正吏治，惩治贪官，抑制豪强，使社会矛盾得以缓和，百姓生活较为安定，生产进一步发展，出现社会经济繁荣的景象。

土木堡之变

1449 年，蒙古瓦剌首领也先率大军进犯中原，在宦官王振的怂恿下，明英宗率兵亲征。因出兵仓促，明军士气十分低落，抵达大同时，先头部队中伏击而大败。王振惊慌中下令撤退，明军在土木堡（今河北怀来县东）遭到敌人围攻，不战自溃，明英宗被俘，王振也为护卫将军樊忠所杀。

六部

六部于洪武元年（1368 年）始置，初属中书省。中书省废除后，直属皇帝，成为分掌全国庶务的机构。所谓六部，即吏、户、礼、兵、刑、工部。各部由尚书主持部务，下设左、右侍郎。明初重部权，所以吏、户、兵三部之权尤其重。明中叶以后，内阁权力日重，部权渐轻。明朝特殊之处在于，明成祖迁都北京后在南京留置了几个部，这一特殊的格局造成后来形成两套六部机构。不过，南京六部多闲职或老臣，各部仅置尚书、右侍郎，司员数额较少。

北京保卫战

土木堡之变后，主战派官员于谦毅然负起守卫北京的重任，并立英宗之弟朱祁钰为帝，使瓦剌借英宗要挟明廷的愿望落空。1421 年，也先率瓦剌军挟持英宗抵北京城外，与于谦指挥的明军激战 5 天，最后被击败，只好退到塞外。京师保卫战的胜利粉碎了瓦剌夺取北京的野心，明朝转危为安。

夺门之变

土木堡之变后，兵部尚书于谦等朝臣拥立英宗弟朱祁钰为帝，是为明景帝（景泰帝）。北京保卫战的胜利使瓦剌深知北京城防坚固，取胜无望，遂于景泰元年（1450 年）秋，将英宗放还。英宗回到京城，居皇城南宫，称太上皇，然其对朱祁钰称帝一事极为不满。景泰八年（1457 年），景帝病危。在宦官曹吉祥、将领石亨和臣僚徐有贞等人的策划和支持下，英宗发动宫廷政变，夺占宫门，登奉天殿复位。英宗复位后，改元天顺，以叛逆罪杀害于谦，将病中的景帝勒死，史称“夺门之变”。

弘治中兴

明孝宗朱祐樘即位后，推出一系列改革措施。首先，斥逐奸佞，任用贤能。其次，广开言路。最后，改良政治。明孝宗勤于政事，除“早朝”外，增“午朝”。注意节俭，抑制勋戚、中官等势家近幸。孝宗曾申明禁令，禁止宗室、勋戚奏请田土及受人投献，禁止势家侵夺民利，注意救济灾民。以明孝宗为首的弘治君臣所进行的政治改革运动有利于生产发展和社会安定，社会矛盾暂时有所缓和，是政治上一个相对稳定的时期，史称“弘治中兴”。

禁猪令

《武宗实录》记载：正德十四年（1520 年）十二月乙卯，上至仪真。时上巡幸所至，禁民间畜猪，远近屠杀殆尽；田家有产者，悉投诸水。是岁，仪真丁祀，有司以羊代之。这段话的意思是，明武宋朱厚照在正德十四年十二月也就是 1520 年到仪真这个地方巡察，突然心血来潮，下令民间禁止养猪，并且立即动手，将附近的猪几乎屠杀殆尽。老百姓家刚生下来的小猪全部被丢在水中淹死，导致当年祭祀祖宗的时候找不到猪了，只能用羊来代替。

大礼议之争

1521 年，明武宗病逝，由于没有子嗣，朱厚熜以藩王世子的身份继承皇位，是为世宗。

世宗即位后，大臣主张尊孝宗为皇考（死去的父皇），生父为皇叔，世宗虽不悦，也勉强遵从。3 年后，世宗采纳了张璁等中下层官吏的建议，下诏改称生父为皇考，称孝宗为皇伯考。朝中群臣听到消息非常震惊，跪在宫门哭谏。世宗大怒，下令将 190 余人下狱治罪，其余人皆不敢再争。这次事件开启了明代朝臣中的党争之风。

壬寅宫变

嘉靖在位时期张皇后被囚禁而死，方皇后被杀，陈皇后被嘉靖暴踢流产而亡。另据史载，嘉靖年间被处罚杀死的宫女前后达 200 余人。宫女们最终忍无可忍，准备杀了嘉靖。她们下手前商量：“不如下了手罢，强如死在（他的）手里。”嘉靖二十一年（1542 年）十月二十一日夜，以杨金英为首的 10 余名宫女乘嘉靖睡熟之机，一齐上手欲勒死他，终因误拴死结未能成功。事后，杨金英等以谋逆罪被凌迟处死，剉尸枭首示众。这一事件史称“壬寅宫变”。

庚戌之变

1550 年（农历庚戌年），蒙古鞑靼部首领俺答率军进犯大同。明朝总兵仇鸾以重金贿赂俺答，请他移师别处，于是俺答东犯蓟州，很快攻到北京城下。明世宗急忙下诏调兵保卫京师。仇鸾上奏骗取了世宗的信任，被封为平虏大将军，各路明军均由他调遣。他虽手握重兵，却不敢指挥对敌作战。俺答大军掳掠无数牲畜、财物后，向西撤退，只留下小部分军队迷惑敌人，而仇鸾 10 万大军居然不敢有所行动。最后，俺答大军安然出塞。这次事件史称“庚戌之变”。

一条鞭法

明代中叶后赋役方面的一项重要改革，初名条编，又名类编法、总编法等。后“编”又为“鞭”，间或用“边”。

1581 年，张居正为均平赋役，在丈量土地的基础上将一条鞭法推行于全国。其主要内容是：将原来按户丁派役的办法改为按亩数、粮数派役，将部分力役摊于田赋（丁六粮四、丁四粮六或丁粮各半），“役归于地，计亩征收”；一切赋、役、杂税合并为一条，一概按亩征银；在法定意义上取消力役，如有需要，由政府“雇役”代替；凡是赋役的催征、收纳与解运皆由官府承办，不用人民助理。

一条鞭法的推行，实际上取消了力役，有利于商人、农民、雇工的谋生活动和商品经济的发展。

戚继光抗倭

明朝中叶以后，日本海盗经常出没于东南沿海，抢劫商旅，杀害百姓，无恶不作，人称“倭寇”。嘉靖年间，倭寇气焰十分嚣张，戚继光奉命抗倭。他招募农民和矿工组成新军，严明纪律，并配以精良的战船和兵械，精心训练。针对南方多湖泽的地形和倭寇作战的特点，他创造出“鸳鸯阵法”，即以 12 人为一队，长短兵器配合，灵活作战。嘉靖四十年（1561 年），戚继光在浙江台州九战九捷，大败倭寇。第二年，福建告急，戚继光率军入闽，在兴化、横屿等地给进犯的倭寇以毁灭性的打击。第三年，他又和另一位抗倭名将俞大猷合力清除了广东的倭寇。为害多年的东南倭寇之患最终平息。

援朝战争

明万历年间，日本“关白”（丞相）丰臣秀吉统一日本后，为转移国内矛盾，稳定统治秩序，于万历二十年（1592 年）五月，悍然出兵朝鲜。自釜山登陆后，不久攻陷王京汉城，占据平壤。朝鲜国王避难义州，遣使向明朝求援。十二月，明廷以宋应昌为经略，李如松为东征提督，率明军 4 万余入朝作战。次年正月，大败日军，收复平壤、汉城等地。日军求和。万历二十五年（1597 年）二月，日本与明朝谈判破裂，丰臣秀吉再次调兵 14 万入侵朝鲜。明遣兵部尚书邢玠率军援助，给日军以沉重打击。丰臣秀吉死后，日军士气低落，明军转守为攻。万历二十六年（1598 年）冬，明朝老将邓子龙与朝鲜将领李舜臣率水师重创日本海军。邓子龙、李舜臣于战斗中相继阵亡，日军第二次侵朝以失败告终。

国本之争

神宗皇后无子，王贵妃生子常洛（即光宗），郑贵妃生子常洵（即福王）。常洛是长子，按照儒家礼法，“有嫡立嫡，无嫡立长”的原则，应立常洛为太子。但神宗宠爱郑贵妃，想立常洵为太子。许多朝臣争请立常洛为太子，这就是后来所说的“国本之争”。拥立常洛为帝的朝臣最后虽然胜利，但光宗即位后不久就病死了，他们又失去了靠山。后来，阉党把由于拥立常洛而产生的这些斗争算作“东林党”的一项罪名。

梃击、红丸、移宫案

“三案”是明末统治集团内部的党争事件。万历二十九年（1601 年），明神宗朱翊钧册立长子常洛为太子。万历四十三年（1615 年），有人持木棍闯入太子所居慈宁宫，击伤护卫，有谋害太子的嫌疑，这就是“梃击案”。朝廷大臣们以此为题互相攻讦，遭神宗压制。1620 年，神宗病死，太子常洛即位，是为明光宗。光宗生病，郑贵妃派人进药，鸿胪寺丞进上两粒红丸，光宗服药后身亡，其在位仅一个月，这就是“红丸案”。光宗死后，熹宗年仅 15 岁，抚养他的李选侍与他同处一宫，图谋夺权，东林党人上疏，以乾清宫为天子居所，逼迫李选侍移宫，这就是“移宫案”。三案之争与宫廷内部的权力斗争相互掺杂，使本来已经腐败的明王朝统治更加黑暗。

东林党

万历三十二年（1604 年），顾宪成与高攀龙同讲学于无锡东林书院，他们讽议朝政，裁量人物，受到下层官僚的支持，形成了一个声势浩大的东林党。东林党人和政治上的反对派就“梃击”“红丸”“移宫”三案展开了交锋。天启年间，宦官魏忠贤为首的阉党对东林党人实施了血腥的镇压。天启七年（1627 年），明思宗朱由检即位，魏忠贤自缢而死，对于东林党人的迫害才宣告停止。

李自成起义

明末天启、崇祯年间，陕北连年灾荒，农民纷纷起来反抗明朝的统治。崇祯三年（1630 年），李自成率 3 万人马起义并投靠闯王高迎祥，转战陕西、山西、河南、湖北等地。崇祯七年（1634 年），高迎祥战败被杀，李自成被众人推举为闯王，经过连年征战，到崇祯十三年（1640 年）时，部队发展到百万之众。崇祯十六年（1643 年），李自成被推举为顺天倡义大元帅，称新顺王。崇祯十七年（1644 年）三月十九日，义军攻占北京。崇祯皇帝自缢，明朝灭亡。由于起义军在胜利时丧失了警惕，山海关守将吴三桂引清军入关。四月下旬，李自成迎战败退北京，随即放弃北京南下，经晋入陕。次年四月，在湖北通山的九宫山下为地主武装所围困，李自成牺牲，起义宣告失败。

前六君子

明熹宗时，魏忠贤阉党乱政，御史杨涟等人因弹劾魏忠贤而被捕，杨涟、左光斗、魏大中、周朝瑞、袁化中、顾大章六人冤死在狱中，史称“前六君子”。

章回小说

元末明初，罗贯中和施耐庵分别在讲史话本《三国评话》和《宣和遗事》的基础上编写出 120 回的《三国志通俗演义》和《水浒传》，标志着长篇章回小说的产生。明中叶以后，章回小说得以大量创作和出版，并且体裁大大超过明初，形成繁盛之势。其中最具代表性的是被称为“明代四大奇书”的《三国演义》《水浒传》《西游记》和《金瓶梅》。

八股文

八股文也称“时文”“时艺”“制艺”“制义”“回书文”，是明朝考试制度所规定的一种特殊的文体。它以四书（《大学》《中庸》《论语》《孟子》）五经（《诗经》《尚书》《礼》《易》《春秋》）中的文句命题，解释要以朱熹的注释为依据。它专讲形式，没有内容，文章的每个段落死守在固定的格式里，连字数都有一定的限制，人们只是按照题目的字义敷衍成文。文章的格式必须包括规定的破题、承题、起讲、入手、起股、中股、后股和束股八个部分。历史上把这种文章叫作“八股文”。

国子监

国子监是我国封建时代的教育管理机关和最高学府，也是朝廷掌管国学政令的最高官署。隋、唐、宋、元、明、清时称国子监，晋称国子学，北齐称国子寺。清末改革学制，自光绪三十二年（1906 年）起设学部，国子监并入学部。

国子监的教学科目是礼、乐、律、射、御、书、数等。当时谋求仕途发达的文人学士们最大的荣耀莫过于毕业于国子监，殿试时考取进士金榜题名并刻名于孔庙，从而光宗耀祖，在家乡刻立牌坊，还可飞黄腾达，在朝中做官。当时国子监不但有中国学生，还有外国留学生。明初，国子监先后改称北平郡学、国子学，后固定使用国子监的名称。由于在南京的国子监称为南监，所以北京的国子监又称北监。

昆腔

嘉靖年间，以昆山人魏良辅为首的一批音乐家、戏曲家，积数十年的努力对昆山腔进行了改革，主要集中在唱曲和音乐伴奏两个方面。他们并用弦索、箫管、鼓板三类乐器，形成一个完整的管弦乐伴奏乐队。昆山腔经过改革之后，音乐更加优美，曲调细腻婉转，更能表达剧中人物的感情，压倒南戏各腔。

明代长城

明长城是在秦万里长城的基础上重新修筑的，其工程比秦始皇造长城更为浩大。为了防备蒙古骑兵的袭扰，从明初开始，明朝用200多年时间，完成了西起嘉峪关、东至山海关全长12700多里的长城修筑。现在的万里长城就是明代修筑的。明代沿长城分段设立了九镇，各屯驻重兵进行防守，并在地形险要之处修建了不少关隘，其中山海关号称“天下第一关”。

第二章　清朝（1616—1911年）

萨尔浒之战

万历四十四年（1616年），努尔哈赤建立后金。1618年大举进攻明朝，攻陷抚顺（今属辽宁）等地。1619年，明朝以杨镐为辽东经略，集结10万兵力，分四路进攻后金首府赫图阿拉（今辽宁新宾县西老城），努尔哈赤集中全部6万八旗兵，采取速战速决、各个击破的方针，在萨尔浒（今辽宁抚顺东浑河南岸）首战击溃明军主力3万人，杀死总兵官杜松，之后再败马林、刘铤两军，只有李如柏一军得以逃脱。此役，明阵亡将领300余人，士兵45800余人。萨尔浒战役完全改变了辽东战局，从此，后金从战略防御转为战略进攻，向明朝发起全面进攻。

八旗制度

八旗制度是清代满族的一种社会组织形式。满族以狩猎为业，每年到采捕季节，以氏族或村寨为单位，由有名望的人当首领，这种以血缘和地缘为单位进行集体狩猎的组织形式，称为牛录制。首领称为牛录额真（牛录意为大箭；额真，又称厄真，意为主）。1601年（明万历二十九年），努尔哈赤改革牛录制，以旗帜作为标志，将本族及下属包衣奴隶分编为黄、白、红、蓝四旗，1615 年又将黄、白、蓝旗镶以红边，红旗镶以白边，增镶黄、镶白、镶蓝、镶红四旗，合称“八旗”。每旗（满语称“固山”）下辖五参领（甲喇），每参领辖五佐领（“牛录”）。凡满族成员分隶各佐领，平时生产，战时从征。皇太极时又把降附的蒙古人和汉人编为“八旗蒙古”和“八旗汉军”，与“八旗满洲”共同构成清代八旗的整体。满洲八旗中的正黄、正白、镶黄称为“上三旗”，是皇帝的亲军，由皇帝直接统率，其他五旗称为“下五旗”，由满洲贵族统领。编入八旗的人户，称为“旗人”或“旗下人”。

八旗制度在建立初期兼有军事、行政和生产三方面的职能，是与当时满族社会经济基础相适应的，对推动满族社会经济的发展起到了积极作用。入关后满族统治者利用八旗制度加强对人民的控制，其积极意义日趋缩小。作为一个军事组织，八旗军队与绿营兵同为清廷统治全国的工具，分驻京城及全国重要地方。在某些地区，八旗也作为行政机构，与州县系统并存。清亡后，八旗制度才全部瓦解。

“京察”“大计”

中国明清两代对文武官吏定期进行考察的制度。京察在中央官员中进行，6 年一次；大计随地方官员朝觐进行，3 年一次。四品官以上由本人自陈，由皇帝裁定；五品以下具册奏请。京察大计特别卓异的，不予提升；不合格的，按贪、酷、无为、不谨、年老、有疾、浮躁、才弱等“八法”分别予以革职、冠带闲住、致仕、改调等处置。清代考察则发展为“四格八法”之制。四格是才、守、政、年四项标准，才分长、平、短，守分廉、平、贪，政分勤、平、怠，年分青、中、老，综合四格决定官员的加级、升职、留任、降调。

宁远之战

天启五年（1625 年）十月，督师关东的兵部尚书、东阁大学士孙承宗因弹劾阉党魏忠贤遭诬陷被罢职。明廷以素不知兵的高第继任，主持关外战事。努尔哈赤得知孙承宗被免官，率 13 万大军进攻辽西。高第慑于后金军的攻势，令驻守关外各堡垒的明军弃城，撤入山海关。仅 10 天时间，努尔哈赤不费一兵一卒占据了除宁远以外的所有辽西重镇。宁远守将袁崇焕拒不撤兵，率万余明军退入城中坚守。

天启六年（1626 年）正月，努尔哈赤亲统大军围攻宁远城，遭到守城明军的顽强抵抗。后金军见强攻不成，又采取用“铁裹车”撞城和于城脚处挖壕毁城的策略。袁崇焕令兵士急造火药，裹入被褥中，掷于城外。待后金兵聚拢抢夺时，令兵士将火箭、硝黄等掷于被褥上，引发大火，烧伤后金兵士甚众。后金兵屡攻宁远城不克，努尔哈赤亦被明军炮火击伤，只得下令撤军。不久，努尔哈赤死去。

钦差大臣

明朝凡为皇帝亲自派遣至京城以外办理重大事情的官员，称为钦差。钦差受命于皇帝，只对皇帝负责。清朝沿袭此制，凡由皇帝特别派遣且授予关防（印章）者，称为钦差大臣，其权力极大。一般政务性钦差大臣简称钦差。如为皇帝特遣统兵者，则称钦帅。驻外使臣称钦差出使某国大使。

清军入关

1643 年，皇太极死，其子福临即位，即清世祖顺治皇帝。由于福临年幼，由叔父睿亲王多尔衮辅政。崇祯十七年（1644 年）四月，清军由摄政王多尔衮率领，倾巢南下。四月十五日，清军行进至翁后（今辽宁阜新附近），接到镇守山海关的明朝辽东总兵吴三桂的“乞师”书，立刻向山海关进军。四月二十二日，清军疾驰至山海关，吴三桂引清军入关，正式投降了清朝。李自成寡不敌众，只好撤退。战略重地山海关大门洞开，清朝大军进入中原，取代了明朝对全国的统治。

圈地令

清朝定都北京后，为解决八旗官兵的生计，清廷于 1644 年颁布了圈地令，下令圈占近京各州县的耕地，分给八旗兵丁。此后又于 1645 年、1647 年两次下令扩大圈地范围。被圈的土地名义上是无主荒地，以及明朝宗室大臣逃亡后遗弃的耕地，实际上往往以“兑换”的名义把有主之地强行圈占。几年间，圈占的耕地总数不下 16 万多顷，大批汉人倾家荡产。直到 1669 年，圈地才被明令禁止。

嘉定三屠

1645 年 6 月，南京城破，南明灭亡。清军下达剃发令，命令江南人民在 10 日之内一律剃头，并严令“留头不留发，留发不留头”。江南百姓纷纷起而抗清。清嘉定知县强制剃发，起义即时爆发。百姓公推黄淳耀、侯峒曾出面领导抗清。原明降将李成栋率清兵猛攻，城中居民冒雨奋战，坚守不屈。

清军用大炮轰城，始得攻入。侯峒曾投河死，黄淳耀自缢，城中无一人投降。李成栋下令屠城，杀害城中 3 万多人而去。此为嘉定第一屠。四散逃亡的民众再度聚集，又一次控制了嘉定。李成栋派遣部将徐元吉镇压，凡是抵抗的乡镇几乎被烧杀殆尽。此为嘉定第二屠。随后绿营把总吴之藩造反，李成栋又一次镇压，嘉定城再遭浩劫，城内城外又有两万多人被杀害。此为嘉定第三屠。

平定三藩叛乱

明清之际，明将吴三桂、尚可喜、耿仲明叛明降清，分别被清廷封为平西王、平南王和靖南王，镇守云南、广东和福建，称为“三藩”。他们手握重兵，割据一方，严重威胁了清廷的统一。1673年，康熙帝下令撤藩，引发三藩叛乱，一时波及十余省。随后，康熙帝采取“剿抚并用”的策略，对元凶吴三桂坚决打击，对随同叛乱者大力招抚，到1681年，清军攻破昆明，三藩之乱被平定。

平定准噶尔

准噶尔部是漠西蒙古的一支。1671年，首领噶尔丹勾结沙皇俄国发动了征服漠北蒙古的战争。1690年春，在沙俄的支持下，噶尔丹率大军南侵。康熙帝于1690年、1691年和1695年3次率军亲征，大败准噶尔军，噶尔丹被迫自杀。

雅克萨自卫反击战

顺治六年（1649年），沙俄侵入黑龙江，占领了雅克萨城。在平定三藩之后，国内局势稳定下来，康熙皇帝决定对沙俄展开斗争。康熙二十二年（1683年），清政府在瑷珲设立黑龙江将军，加强对边防的控制。

康熙二十四年（1685年）正月，为了彻底消除沙皇俄国的侵略，康熙帝命都统彭春赴瑷珲，收复雅克萨。五月二十五日黎明，清军对雅克萨发动猛攻，沙俄侵略军伤亡惨重，宣告投降，请求清军放行，撤退至尼布楚。侵略军被迫撤离之后，贼心不死，图谋再犯。康熙二十六年（1687年），在接到沙俄再犯的奏报以后，康熙帝下令反击。侵略军被围困一年时间，近1000名士兵最后剩下66名。沙皇急忙向清朝派遣使者议定边界。雅克萨反击战结束。

《尼布楚条约》

两次雅克萨战争都以清军取胜告终，俄被迫在尼布楚与清政府进行和谈签订《尼布楚条约》。双方划分了边界，用满文、汉文、蒙文、俄文和拉丁文五种文字刻成界碑，立在边境，肯定了黑龙江和乌苏里江流域的广大地区都是中国的领土。

文字狱

清朝初期，统治者的残酷压迫和剥削激起了广泛的不满。一些地主阶级知识分子通过著书立说的方法进行揭露和反抗清朝的统治。清朝为巩固封建统治，在文化上实行专制政策，大兴“文字狱”。这种“文字狱”是指写诗著书中直接或者间接攻击清政府的统治，触犯封建统治者的根本利益时，朝廷就对知识分子采取无情地打击和残酷镇压手段。

为压制知识分子的反清思想，清政府共兴起100多起“文字狱”，其中比较突出的是戴名世之狱。戴名世，安徽桐城人，他留心明朝史事，访问明朝遗老，研读野史，于1702年刊印《南山集》，其中采用方孝标所著《滇黔纪闻》一书中有关明末清初史实，记载南明桂王时事，触怒了清王朝，戴名世被杀害。戴名世、方孝标家属受牵连达数百人，男女老幼均被充军。方孝标已死，也被戮尸。

理藩院

理藩院是清朝官署名，为主管少数民族地区事务的机构。清太宗皇太极于崇德元年（1636年）始设蒙古衙门。崇德三年（1638年），改称理藩院。顺治十六年（1659年），理藩院隶属礼部，之后又改与六部等同，长官为尚书、侍郎，选满人充任。雍正元年

（1723 年），始以王、公、大学士兼领院事，职掌蒙古、新疆、西藏等少数民族地区事务。至咸丰十一年（1861 年）成立总理各国事务衙门之前，兼办中俄外交。光绪三十二年（1906 年），改为理藩部。清朝亡，遂废。

摊丁入亩

摊丁入亩是清初沿袭明朝的赋役制度，田赋分夏、秋两季征收，丁银多按丁征收。康熙年间，丁银极为苛重，农民为逃丁银而四处流亡，致使“丁额无定，丁税难征”，严重影响清廷的赋税收入。为防止农民逃税流亡，稳定赋税收入，康熙五十一年（1712 年）规定：以康熙五十年（1711 年）的全国总丁数，即人丁 2462 万，丁银 335 万余两为定额，每年按此数额征收丁银。今后新增添人丁数，丁银总额不再增加。丁银总额固定后，广东各州县即于康熙五十五年（1716 年）将丁银摊入地亩征收。

此后四川亦试行此法。雍正元年（1723 年）七月，清廷宣布将“摊丁入亩”之制推行全国。摊丁入亩是将固定的丁银全部摊入地亩，按土地面积征税，取消了按人丁征税的旧制。将土地、人丁的二元税制变成单一的土地税制，减轻了无地或少地农民的负担，缓和了阶级矛盾；农民因此获得一定的人身自由；人丁不再单独征税，有利于人口的增长。

军机处

军机处，亦称“军机房”“总理处”，是清朝中后期的中枢权力机关。军机处的设立是清代中枢机构的重大变革，标志着清代君主集权发展到顶点。军机处成立于雍正七年（1729 年），初名“军机房”，乾隆后称“军机处”。军机处本为办理军机事务而设，但因它便于君主有效实施专制独裁，所以常设不废，而且其职权越来越大。军机处的职官有军机大臣（俗称“大军机”）和军机章京（俗称

“小军机”）。军机大臣由皇帝从满汉大学士、尚书、侍郎等官员中特选，有些也由军机章京升任。

军机处成立后，一切机密大事均归军机处办理。实际上，军机处完全等同于皇帝的私人秘书处。入职军机者，只能跪受笔录，传达谕旨，决策大权完全掌握在皇帝一人手中。军机大臣既无品级，也无俸禄。军机大臣之任命，并无制度上的规定可供遵循，完全出于皇帝的自由意志。军机大臣的职务也没有制度上的规定，一切都是皇帝临时交办的，所以说军机处是皇帝集权的最好工具。

大小和卓叛乱

乾隆年间，居住在天山南麓的维吾尔族贵族波罗尼都兄弟发动“大小和卓叛乱”。乾隆二十三年（1758 年），清朝派兵前往南疆。由于波罗尼都兄弟在当地的统治十分残暴，清军一到，人民纷纷响应，甚至一部分维吾尔族上层也和清朝军队合作平叛。第二年，清军在当地人民的大力支持之下打败叛军，波罗尼都兄弟在逃窜中被当地群众杀死。不久，清政府在新疆设置伊犁将军，管辖包括巴尔喀什湖在内的整个新疆地区，巩固了对西北地区的统治。

闭关锁国

从乾隆二十二年（1757 年）起，清朝政府鉴于国内人民与外国人交往日益频繁，担心交往扩大会给自己的统治带来威胁，开始实行闭关锁国的政策。政府一方面限制中国人出洋贸易和居住，严格控制出洋船只的大小与装载货物的品种和数量，以及水手和客商的人数，一方面规定了严格的往返期限。中外贸易活动只限于广州一个口岸通商，外商的贸易及其他事务的交涉都必须和清政府特许的行商进行，不得和官府与民众直接交往，外商在华必须住在城外指定的商馆，不得擅自出入城，对外贸易的品种和数量也有相应的严格限制。清政府闭关锁国的政策，禁锢了中国的对外贸易和航海事业，妨碍了中国向西方学习先进的思想文化和科学技术，对国家发展的负面影响不可估量。鸦片战争以后，列强打破了中国的国门，闭关锁国政策被迫取消。

江南织造

清代在江宁（今南京）、苏州和杭州三处分别设立了专办宫廷御用和官用各类纺织品的织造局，即江南三织造局。明代这三个地方的旧有织造局，久经停废。清顺治二年（1645 年）江宁织造局恢复。其后两年，杭州局和苏州局重建。顺治八年（1651 年）确立了“买丝招匠”制的经营体制，成为有清一代江南三织造局的定制。织造局负责人名曰织造，实为皇帝的亲信和耳目，负责将江南的官风民情如实奏报朝廷。

清代江南织造通常分为两部分：织造衙门是织造官吏驻扎及管理织造行政事务的官署；织造局是经营管理生产的官局工场，生产组织各有一定的编制，但具有工场手工业生产组织形式的特点。

由于清廷长期大量搜刮缎匹，内务府和户部两处的缎匹库存达饱和状态。从道光后期起，江宁局和苏州局的生产处于缩减或停顿状态。光绪三十年（1904 年），清政府以物力艰难为由，裁撤了江宁织造局。苏州、杭州两织局则随着清亡而终结。

平定大小金川

大小金川地处四川西北部大渡河上游，因盛产黄金而得名，是藏人聚居区，实行土司制度。其中大金川土司莎罗奔势力最为强大，不时侵扰周围的土司。1771 年，大金川土司索诺木（莎罗奔侄孙）与小金川土司僧格桑联合，起兵反清。1773 年，乾隆帝派鄂尔泰率军平叛。清军先攻克实力弱小的小金川，随后移师大金川。清军用火炮昼夜猛轰索诺木最后据点堡寨噶尔崖，索诺木兵败投降，大小金川之乱平息。此后，清廷改土归流，废除两金川土司制，设厅委官，驻军屯垦，加强了对该地的管理。

白莲教起义

白莲教是清代民间一个秘密地下宗教，其参加者多为贫苦农民。1796 年，湖北枝江、宜都的白莲教徒在聂人杰、张正谟的率领下首先起义，各地的白莲教徒纷纷响应。但起义军没有统一的纲领和口号，各自为战，力量分散，其中以襄阳黄龙王聪儿、姚之富领导的起义军力量最强。清军采取坚壁清野和剿抚并用的策略，使起义军陷入困境。1797 年，王聪儿、姚之富陷入清军的包围之中，最后起义军全部战死。随后，其他的起义军也相继失败。白莲教起义是清朝由盛转衰的转折点。

虎门销烟

1838 年年底，湖广总督林则徐被任命为钦差大臣，赴广东查禁鸦片。他在广东整顿海防，缉拿烟贩，勒令各国商贩交出所有鸦片，并保证不再贩运。1839 年 6 月 3 日到 6 月 25 日，林则徐在虎门海滩凿方塘二口，当众销毁了收缴的 237 万余斤鸦片。这一举动沉重打击了侵略者的气焰，史称“虎门销烟”。

鸦片战争

林则徐打击鸦片走私，触怒了英国殖民者。1840 年 6 月，英国派兵侵华，发动了鸦片战争。清军在英军强大的现代武器面前不堪一击，1842 年 8 月，英军舰艇驶达南京江面，清政府被迫与英国签订了丧权辱国的《南京条约》。

条约规定，割让香港，赔款 2100 万元，开五口通商，关税由双方协定等。从此，中国逐渐沦为半封建半殖民地社会。

三元里人民抗英

鸦片战争期间，1841 年 5 月，盘踞四方炮台的小股英军窜至广州城北的三元里骚扰，当地群众奋起反抗，组成“平英团”，将四方炮台团团围住，一举歼灭英军数百人。后来在英军威胁下当地官员用欺骗手段迫使民众解散，英军才得以撤离。

吴淞之战

1842 年 6 月 8 日，英舰抵达长江口，迫近黄浦江与长江汇合处吴淞。两江总督牛鉴企图向英军乞和，江南提督陈化成坚决反对，亲率军驻西炮台，与将士同甘苦，誓死抗敌。16 日晨，英军进攻吴淞。陈化成指挥将士奋起反击，牛鉴 3 次派人持令箭要他退避宝山，都遭严拒。

战斗中，年近七十高龄的陈化成奋不顾身，亲自操炮轰击敌舰，与将士一起击毁英舰两艘。牛鉴闻报，企图贪功，陈列全部总督仪仗，率军往援。英军向其轰击，牛鉴仓皇逃命。英军趁机从西炮台正面登陆，进行水陆夹攻。在腹背受敌的情况下，陈化成仍率百余名官兵坚守炮台，后不幸中炮牺牲，全体将士壮烈殉国。西炮台失守后，东炮台守军溃散，英军相继侵占宝山、上海。长江门户洞开。

亚罗号事件

1856 年 10 月 8 日，中国广东水师在停泊于黄埔港中的一只走私船“亚罗号”上逮捕了 2 名海盗和 10 名有海盗嫌疑的水手。这纯系中国内政。但英国驻广州代理领事巴夏礼在香港总督包令的指使下坚称“亚罗号”是英国船，蛮横要求送回拘捕的人，声称广东水师上船捕盗有损领事体面，并造谣说广东水师扯下了船上悬挂的英国国旗是对英国的侮辱，无理要求两广总督叶名琛送回水手，赔礼道歉，并限 24 小时内答复，否则以武力解决。

叶名琛唯恐事态扩大，遂将被捕人犯送交英国领事馆。巴夏礼又故意刁难，借口礼貌不周，拒不接受。10 月 23 日，英国海军上将西马糜各厘率军舰进犯广州，正式挑起了第二次鸦片战争。亚罗号的船主是中国人，为方便走私，曾向香港英国殖民当局领有一张船籍登记证，为期一年。事件发生时，登记证早已过期，就连事件的策划者包令也承认这一点。所谓“亚罗号事件”只不过是英国侵略者为挑起战争而制造的借口。

马神甫事件

1853 年法国天主教神甫马赖违约潜入我国广西省西林县进行传教。他吸收地痞流氓入教，勾结当地土豪，进行种种不法活动，民愤极大。1856 年 2 月，西林新县官到任，在当地人民的强烈要求下，逮捕并处死了马赖等 3 人，拘捕歹徒 20 余人。消息传到巴黎，法国国王路易·波拿巴立即以马赖事件为借口，以保护天主教为名，协同英国联合发动第二次鸦片战争。此事件又称西林教案。

第二次鸦片战争

1856 年，英国为了进一步扩大侵华权益，借口“亚罗号”事件派兵进攻广州，法国借口马神甫事件同时出兵。1857 年，英法组成联军攻陷广州。1858 年，英法舰队在美、俄两国支持下，偷袭并攻陷大沽口炮台，进犯天津。清政府被迫与俄、美、英、法各国代表分别签订了《天津条约》。1859 年 6 月，英、法、美以进京换约被拒为由，率舰队炮击大沽。次年 8 月，联军登陆，进占天津，进攻北京。咸丰帝和慈禧太后仓皇逃往承德，英法联军占领北京，在城郊烧杀抢掠。清廷派恭亲王奕䜣主持议和，签订了中英、中法《北京条约》，赔偿巨额赔款，丧失大片领土。

《南京条约》

1842 年 8 月 29 日，中英两国签订《南京条约》。主要内容有：清政府割让香港岛给英国；开放广州、厦门、福州、宁波、上海为通商口岸；清政府向英国赔款 2100 万银元；中国抽取的进出口货物税率，由中国与英国共同商定；英商可以自由贸易，不受“公行”的限制。1843 年，英国又强迫清政府签订《五口通商章程》和《五口通商附粘善后条款》（《虎门条约》），作为《南京条约》附件，增加了领事裁判权、最惠国待遇等条款。

八国联军

19 世纪末，中国北方爆发了义和团运动，帝国主义为了扩大对华侵略，借口清政府“排外”，组织联军，大举进犯。1900 年 5 月底 6 月初，英、美、德、法、俄、日、意、奥等 8 个国家以“保护”使馆为名，派侵略军 400 余人进驻北京使馆区，另有千余人进驻天津租界。6 月 10 日，英海军中将西摩尔率联军 2000 余人自大沽、天津进犯北京，沿途遭到义和团及清军抗击，未能得逞。6 月 17 日，联军在沙俄海军中将基里杰勃兰特率领下攻陷大沽炮台。6 月 27 日，清政府被迫向八国宣战。8 月 14 日联军攻陷北京，所到之处，杀人放火，奸淫抢掠，无恶不作。北京陷落后，逃往西安的慈禧命奕劻和李鸿章为全权大臣向各国乞和。联军迫使清政府签订了空前屈辱的《辛丑条约》，八国联军除留一部常驻京津、津榆铁路线外，其余撤兵回国。

火烧圆明园

圆明园是清代最大的皇家园林，从 1709 年兴建到 1860 年被焚毁，清政府花费了巨大的财力物力，经营了 151 年。1860 年 10 月，英法联军占领北京以后，冲入圆明园。联军司令部下令可以“自由抢劫”，1 万多名侵略官兵大肆抢掠和毁坏园内文物。10 月 18 日，几千名英军手持火把再次进入圆明园，这座世界上最壮观的皇家园林连同园内的数百名太监、宫女和工匠被尽付一炬。火烧圆明园，是人类文化史上的一大浩劫。

太平天国运动

1843 年，洪秀全创立了拜上帝会，宣传人人平等的思想，号召人们起来斗争。1851 年 1 月，洪秀全在广西金田宣布起义，建号太平天国，3 月宣布登基，称天王，太平天国运动开始。1853 年 3 月，太平军攻占南京，将南京改名为天京，定为太平天国的首都。到 1856 年，太平军击溃清军江北、江南大营，达到军事上的全盛时期。就在此时，太平天国领导集团内部发生了自相残杀的“天京事变”，清军趁机全面反攻。1863 年，曾国藩统率的湘军围困天京。次年 6 月，洪秀全病逝。7 月，湘军攻破天京。太平天国运动失败。

天京事变

天京事变又称“天京内讧”“天京变乱”“洪杨事变”“杨韦事件”等。太平天国定都天京后，领导集团的内部危机日益加深。东王杨秀清被胜利冲昏头脑，居功自傲，竟于 1856 年 8 月逼洪秀全封其为“万岁”。洪秀全表面应允，暗中却密令韦昌辉、石达开等回京，伺机铲除杨秀清。

9 月 1 日，韦昌辉率 3000 余人从江西秘密回京，次日晨杀死杨秀清及其家属，并乘机扩大事态，残杀东王部众 2 万余人。石达开从湖北赶回天京，责备韦昌辉滥杀无辜，韦又欲杀石。石达开出走安庆，准备起兵讨韦，其家属则被韦昌辉全部杀害。11 月，洪秀全诛杀韦昌辉及其同伙约 200 人，召石达开回京辅政。月底，石达开抵天京，受到军民的拥护和欢迎。不过洪秀全对其心存疑忌，石达开带精锐 10 万人负气离京出走。从此，石达开走上了与太平天国公开分裂的道路。“天京事变”严重削弱了太平天国的革命力量，此后，太平天国由前期的战略进攻转变为后期的战略防御。

辛酉政变

1860 年（农历辛酉年），英法联军攻入北京，火烧圆明园。咸丰皇帝带着皇族大臣逃往热河。次年 7 月，咸丰皇帝病死，遗诏立 6 岁的载淳为皇太子，任命载垣、肃顺等八大臣辅政，一切军政事务由辅政大臣处理。慈禧太后（叶赫那拉氏）以圣母皇太后的身份取得了干预朝政的权力，然后和恭亲王奕䜣勾结，密谋除去辅政大臣，以达到垂帘听政的目的。慈禧太后利用咸丰灵柩运回北京的时机，于 9 月 30 日发动政变，逼令载垣、端华自杀，肃顺被斩首，其他辅政大臣被革职查办。11 月 3 日，任命恭亲王为议政王。11 日，同治皇帝即位。从此，两宫太后开始垂帘听政，而慈禧独掌晚清朝政大权近 50 年。

洋务运动

洋务泛指与西方资本主义国家有关的一切事务，诸如外交、通商、传教以及输入武器、机器和科学技术等。洋务运动中所兴办的“洋务”，专指引进西洋武备、机器生产和科学技术等，从事上述活动的官员被称为“洋务派”。洋务派在中央官吏中以总理衙门大臣恭亲王奕䜣、大学士桂良、户部侍郎文祥等为代表；在地方官吏中以两江总督曾国藩、闽浙总督左宗棠、直隶总督李鸿章以及后起的湖广总督张之洞等为代表。他们继承林则徐、魏源的“师夷长技以制夷”的思想，以“中学为体，西学为用”为宗旨，逐步掀起创办洋务的热潮。

中法战争

1883 年，法国侵占越南，并向派驻越南的中国军队发动进攻，清政府被迫对法宣战。战争很快扩大到东南沿海。1885 年，法国陆军进攻镇南关（今友谊关），清军老将冯子材率军抗战，大败法军，使清军转败为胜。清政府却下令停战，以胜求和，与法国缔结了丧权辱国的《中法新约》。

马尾海战

马尾（也称马江）港是福建水师的基地。1884 年 7 月中旬，法国远东舰队司令孤拔率舰队驶入福建马江，与福建水师同泊一港。福建官员根据清廷“不可衅自我开”的禁令，对法舰毫不阻拦，并令中国海军不得主动进攻，否则虽胜亦斩。8 月 23 日 8 时，法国驻福州领事向闽浙总督何璟下了战书，何璟惊慌失措，不仅向福建水师隐瞒，还幻想法军改日开战。下午 1 时 3 刻，法舰向福建水师发动突然袭击，用大炮和水雷袭击中国军舰。福建水师仓促迎战，水军士兵英勇还击。旗舰扬威号在管带张成的带领下，炮击法舰伏尔泰号，后被鱼雷击沉。振威号和福星号也奋起反击，重创敌舰。广大爱国官兵奋不顾身，与敌军展开殊死搏斗。最终，福建水师全军覆没。

甲午海战

1894 年春，朝鲜爆发了东学党起义，朝鲜国王向清政府求救。清政府派叶志超率军进入朝鲜，日本也趁机派兵在朝鲜仁川登陆，并很快占领了汉城。东学党起义被镇压之后，日本继续向朝鲜增兵，人数大大超过了清军。7 月 23 日，日军将朝鲜国王俘虏，并于 7 月 25 日突然袭击清军船舰。清政府被迫宣战，甲午海战爆发。这场战斗共持续 5 个小时，清政府的北洋舰队战舰损失 5 艘，死伤官兵 1000 余人，日舰损失数艘，死伤 600 余人。

诗界革命

戊戌变法前后的诗歌改良运动。明清时期，诗歌呈现衰落趋势，有识者对此表示不满，并力图改变。同治七年（1868 年），黄遵宪作《杂感》诗，批判沉溺于故纸，以剽盗为创作的俗儒，表示要“我手写我口”。光绪十七年（1891 年），他在《人境庐诗草序》中主张表现“古人未有之物，未辟之境”，提出推陈出新的一整套纲领。光绪二十二年（1896 年），他直陈自己的创作为“新派诗”。但是，黄遵宪的这些主张，当时未能产生广泛的影响。诗界革命的早期倡导者是夏曾佑、谭嗣同、梁启超三人。光绪二十二年（1896 年）至二十三年（1897 年）之间，他们开始试作新诗。当时，资产阶级改良派企图融合佛、孔、耶三教的思想资料，创立一种为维新运动服务的新学。谭嗣同等人力图开辟诗歌语言的新源泉，表现资产阶级新思想，有其积极可取的一面。但是，他们实际上使诗歌的语言源泉更为狭窄，写出来的作品又完全不顾诗歌的艺术要求，既脱离传统，又脱离群众，缺乏生命力。

镇南关大捷

镇南关大捷又称“谅山大捷”。1885 年 2 月，法军直扑中越边境的谅山、镇南关。淮军将领潘鼎新接受李鸿章的指示，从谅山退到镇南关以北 140 华里的龙州。法军不战而得谅山，并一度闯入镇南关。年近七旬的冯子材亲率二子冲锋陷阵，“皆感奋，殊死斗”。越南人民也前来助战，法军在中越军民的合力围歼下被击毙 1000 多人，狼狈南逃。冯子材等率军乘胜追歼，连克文渊、谅山、长庆等地，击伤法军司令尼格里，俘获大批降军及弹药武器，迫使法军退到河内。镇南关大捷，扭转了危局。

《马关条约》

1895 年 4 月，中日双方签订了《中日马关条约》。主要内容是：清政府承认日本对朝鲜的控制；中国割让辽东半岛、台湾岛及澎湖列岛给日本；中国对日赔偿白银 2 亿两；中国开放沙市、重庆、苏州、杭州四个通商口岸，日本船只可沿内河驶入以上各口岸；允许日本人在通商口岸开设工厂。《马关条约》加重了中国的民族危机，大大加深了中国的半殖民地化程度。

“门户开放”政策

当帝国主义列强在中国划分势力范围时，美国正在入侵菲律宾。等到他侵占了菲律宾，发现各国已在中国划定了势力范围。于是，美国在1899年提出了“门户开放”政策，其主要内容是：各国互相承认在中国的势力范围、租借地和通商口岸的既得利益；在这些势力范围里，各国船只的入港费和货物运费都不得高于占有这个势力范围的国家。其实，“门户开放”政策的核心是在承认列强在中国“势力范围”的前提下，谋求美国的贸易机会均等。

公车上书

1895年4月《马关条约》签订之后，举国上下掀起了反侵略、反投降的斗争。当时在北京应试的各省举人举行集会，公推康有为起草上皇帝万言书，签名的举人有1.3万多人，5月到都察院呈递。这就是著名的“公车上书”。康有为在上书中痛呈：割让辽东和台湾是列强瓜分中国的信号，亡国大祸即将临头，因此，拒和、迁都、练兵、变法是当前的正确对策。而变法以立国自强最为急务。公车上书是一次爱国知识分子的请愿活动，在社会上产生了巨大影响，标志着知识分子改良主义运动在中国的开始。

垂帘听政

是我国封建时代特有的一种政治现象。根据嫡长子继承制，皇帝死后由他的长子继承皇位。如果新皇帝年纪小，还没有处理政事的能力，就由亲属中具有一定威望的人代替皇帝行使权力，叫作“摄政”。如果是由皇太后处理政事，她接见大臣时要用帘子遮隔，表示男女有别，叫“垂帘听政”。

戊戌变法

1895—1898 年由康有为、梁启超等人领导的维新变法运动已经触动封建顽固派守旧势力的利益，顽固派和维新派的激烈斗争由此展开。为了削弱变法维新的力量和实现对政权的有效控制，慈禧太后一方面下令将光绪皇帝的亲信、帝党和维新派之间联系的关键人物翁同龢革职，另一方面逼迫光绪皇帝任命其亲信荣禄为直隶总督兼北洋通商大臣，统率北洋三军。之后，她以光绪帝的名义宣布于 1898 年 10 月 19 日在天津检阅军队，发动政变，逼迫光绪帝退位，20 日凌晨下令把光绪帝囚禁在中南海的瀛台，对外宣布光绪帝身体抱恙不能亲理政务，而由自己“临朝听政”，同时下令大肆搜捕维新派和倾向维新派的官员。百日维新期间推行的新政，除了京师大学堂等少数几项措施以外，全部被废除。这一年正是甲子纪年的戊戌年，所以通常把这一事变称为“戊戌政变”。维新派领袖人物康有为得知消息后，从天津搭乘英国轮船逃往香港。梁启超当天得到日本使馆的保护，化装逃往日本。1898 年 9 月 28 日，慈禧太后下令处决谭嗣同、康广仁、刘光第、林旭、杨锐、杨深秀等 6 人。至此，这次昙花一现的资产阶级改良运动宣告彻底失败。

义和团运动

1898 年秋，山东西北义和拳组织竖起“扶清灭洋”的大旗，率众攻打当地教堂，揭开了义和团反帝爱国斗争的序幕。次年秋，斗争蔓延到山东和直隶的大部分地区，清政府任命袁世凯为山东巡抚，血腥镇压义和团。1900 年春，义和团挥旗北上，连克州县，势力发展到京津地区。慈禧太后见义和团难以剿灭，就改用“招抚”的办法，默许其为合法民团。是年 6 月初，八国联军侵华战争开始，清廷对外宣战，义和团运动达到高峰。8 月初，八国联军由天津进犯北京，慈禧太后在出逃途中颁布“剿匪”谕旨，通令官兵对义和团斩尽杀绝。在中外反动势力的联合绞杀之下，义和团运动归于失败。

《辛丑条约》

1901 年 9 月 7 日，清政府与俄、英、美、日、德、法、意、奥、西、比、荷 11 个帝国主义国家签订了《辛丑条约》，主要内容有：向各国赔款白银 4.5 亿两；在北京设立“使馆区”，不准中国人在此居住；拆毁北京到大沽沿路的炮台；查办在义和团运动中与帝国主义作对的官吏；把总理衙门改为外务部。

四大徽班进京和京剧形成

清朝初年，徽剧盛行于安徽及江浙一带，到清中叶时逐渐风行全国。乾隆五十五年（1790 年），为了庆祝乾隆的八十寿辰，四大徽班（三庆、春台、四喜、和春）先后进入北京演出，名噪一时，这就是著名的徽班进京。

道光年间，湖北汉调艺人也进京和徽班艺人同台演出。徽、汉两剧相互吸收融合，经过近 20 年的发展演变，终于形成了京剧。京剧在同治、光绪年间达到艺术高峰。1876 年，“京剧”这一名称在上海出现。20 世纪上半叶，京剧迎来它的第二次高峰，优秀的京剧演员不断涌现，出现了许多著名的京剧流派。

日俄战争

1902 年日英结盟后，日本便为发动一场对俄战争而积极备战。俄国同时为永远占领中国东北、取得朝鲜和克服国内的革命危机而积极备战。1904 年 2 月 8 日，日本突然袭击俄国驻扎在中国旅顺口的舰队，并于次年 1 月攻占旅顺口，3 月又在沈阳附近击溃俄陆军主力。同年 5 月，俄国从波罗的海调来的增援舰队也在对马海峡遭到日本舰队伏击，38 艘军舰几乎全军覆没，连舰队司令罗热斯特文斯基海军中将也成了日军俘虏。

1905 年，俄国国内爆发革命，急于结束对外战争，日本也因国力耗尽而无心恋战。于是，双方在美国的斡旋下于 1905 年 9 月在美国的朴茨茅斯签订了《朴茨茅斯和约》，规定：俄国承认朝鲜为日本的势力范围，并将其在中国辽东半岛（包括旅顺口、大连湾及其附近的领土、领水）的租借权以及东清铁路的所有权转给日本，割让库页岛南部给日本等。日俄战争给中、朝人民带来了巨大灾难。

同盟会

1905 年 8 月 20 日，孙中山、黄兴、廖仲恺、宋教仁等人在日本东京赤阪区的一栋民宅中成立了中国第一个资产阶级的革命政党——中国同盟会。会上通过了孙中山起草的《同盟会宣言》《同盟会对外宣言》以及由黄兴等起草的会章，选举了总部的主要干部。孙中山被一致推选为同盟会总理。

三民主义

1905 年，在同盟会机关报《民报》的发刊词中，孙中山把同盟会的纲领阐发为“民族”“民权”“民生”三大主义，简称为“三民主义”。民族主义就是“驱除鞑虏，恢复中华”，推翻清朝专制统治，反对民族压迫；民权主义即推翻君主专制政体，建立国民的政府，这是三民主义的核心；民生主义即平均地权，就是国家核定地价，征收地租税，同时逐步向地主收买土地。后来，孙中山又提出“土地国有”政策。中国国民党成立后，把三民主义改造为“新三民主义。”

黄花岗起义

同盟会成立以后先后发动了 7 次起义，都以失败告终。1910 年，孙中山举行秘密会议，召集黄兴、赵声、胡汉民等人商议在广州再次起义。1911 年 1 月，在香港成立了起义领导机关。由于中途事情变故，起义时间一再推迟，最后确定为 4 月 27 日。起义前，黄兴、林觉民等人写了绝命书，表示誓死革命的决心。4 月 27 日，黄兴集合先锋队员 120 多人起义，直扑总督衙门。战斗进行得十分激烈。

由于寡不敌众，起义最终宣告失败。同盟会牺牲的党员众多，其中有 72 人的忠骨葬于广州黄花岗，这就是黄花岗 72 烈士。这次起义也因此被称作“黄花岗起义”。

四川保路运动

甲午战争后，帝国主义为了进一步奴役中国人民，加紧对中国的铁路进行投资。西南地区物产丰富，争夺更加激烈。广东、湖南、湖北、四川的人民坚决维护修筑铁路的权利，要求自办铁路。经过长期的斗争，清政府同意将川汉和粤汉这两条铁路交给当地的商绅自办。可是，在帝国主义的压力下，1911 年 5 月，清政府又突然宣布“铁路国有”，并拒不归还四川的股金，这激起了全国人民的义愤，广东、湖南、湖北等省的人民自发组织起来反抗，被称为保路运动，很快发展成声势浩大的武装起义。

武昌起义

1911 年（农历辛亥年），四川省保路运动日益扩大的同时，湖北的革命团体在同盟会的推动下，积极准备起义。起义的主要力量是倾向革命的新军。由于起义计划不慎泄露，10 月 10 日晚，武昌城新军工程营的革命党人提前发动起义，起义军很快占领了武汉三镇，成立湖北军政府，并宣布废除宣统年号，建立中华民国。武昌起义拉开了辛亥革命的序幕。

扬州八怪

“扬州八怪”是清代中期画坛上出现的一群敢于革新、讲究意趣和特立独行的画家。“扬州八怪”最典型的说法有8人，他们是金农、黄慎、郑燮、李鳝、李方膺、汪士慎、高翔、罗聘。通常说的扬州八怪并不仅指这8个人，而是说法众多，有8~15人不等。据扬州人的说法，“八怪”就是方言中奇怪的意思，与8的数字关系不大。所以，“扬州八怪”可以说指的是那些“怪”风格的画家。

谴责小说

清朝末年，清政府腐败无能，国势衰微，民族危机严重，具有改良思想的小说家通过小说来抨击时弊，于小说中寄寓挽救国家的主张，这一类型的小说就被称为“谴责小说”。《官场现形记》《二十年目睹之怪现状》《老残游记》《孽海花》被誉为“清末四大谴责小说”。

翰林院

清代掌编修国史、记载皇帝起居注、进讲经史以及草拟册文、封诰、祭文等的机构。主持为掌院学士，满、汉各一人。所属职官有侍读学士、侍讲学士、侍读、侍讲、修撰、编修、检讨、庶吉士等，不定员。对外均称翰林。又进士及第乃进翰林院。

京师大学堂

京师大学堂是中国近代第一所国立大学，成立于1898年，是戊戌变法的改革措施之一，目的是为变法培养人才。主要招收官僚子弟及各省中学堂毕业的学生入学。变法失败后，京师大学堂保留了下来，1902年，设立了预备科（包括政科、艺科）和速成科，又增加了进士馆、译学馆、医学实业馆。1970年，改设为经、法、文、格致、农、工商七科。1912年，改名为北京大学。

第十篇

中华民国：社会大动荡，国民大觉醒

（1912—1949年）

二次革命

袁世凯在1913年派人暗杀了宋教仁使革命党人看清了他的本质。1913年7月12日，前江西都督李烈钧在江西湖口起兵讨袁，二次革命就此爆发。15日，黄兴在上海成立讨袁军，安徽、广东、福建、湖南、四川的国民党人相继宣布独立，共举讨袁旗帜。然而，二次革命缺乏统一的指挥和领导，各地力量各自为政，终被袁世凯一一瓦解，孙中山、黄兴等人被迫流亡日本。

袁世凯称帝

1913年10月10日，袁世凯在清代皇宫的太和殿以皇帝登基的“坐北面南”形式宣誓就职，随即下令解散国民党。1915年8月，袁世凯授意杨度等人组织“筹安会”，鼓吹恢复帝制，各地袁派亲信也纷纷上推戴书，劝进皇帝位。12月12日，袁世凯正式发表接受皇帝位的申令。13日，在中南海居仁堂接受百官朝贺。31日，袁世凯下令改第二年为洪宪元年。1916年元旦，袁世凯正式登基，全国上下掀起声势浩大的讨袁运动。众叛亲离的袁世凯被迫于3月22日宣布取消帝制。6月6日，做了83天皇帝的袁世凯病死在北京。

“二十一条”

第一次世界大战爆发后，日本于1914年10月攻占济南，11月占领青岛，并向袁世凯提出灭亡中国的“二十一条”。

“二十一条”的主要内容是：承认日本继承德国在山东的一切权益，山东省不得让与或租给他国，准许日本修建自烟台连接胶济路的铁路；承认日本在南满和内蒙古东部的特殊权利，日本人有居住往来、经营矿产等项特权；旅顺、大连的租借期限及南满、安奉两铁路期限均延长至99年；所有中国沿海港湾、岛屿概不租借或让给他国；中国政府聘用日本人为政治、军事、财政顾问，合办警政和兵工厂，武昌至南昌、南昌至杭州和潮州各铁路的建筑权让与日本，日本在福建省有开矿、建筑海港、船厂及筑路的优先权。“二十一条”是要把中国的政治、军事、财政及领土完全置于日本的控制之下，把整个中国完全变为日本的殖民地。

新文学运动

1915年1月15日，陈独秀在上海创办《青年杂志》（后称《新青年》）。中国的思想启蒙运动——新文化运动由此发端。陈独秀在创刊号上发表了《敬告青年》，对青年提出了6点希望：自主的而非奴隶的；进步的而非保守的；进取的而非退隐的；世界的而非锁国的；实利的而非虚文的；科学的而非想象的。陈独秀希望青年树立积极、进取、追求实利和科学的精神，在中国青年中产生了极大的影响。

中国思想启蒙过程中许多重要文章均发表在《新青年》上，如陈独秀的《驳康有为致总统总理书》《孔子之道与现代生活》，李大钊的《青春》，鲁迅的《我之节烈观》，胡适的《文学改良刍议》

等。《新青年》从第4卷第5期开始全部改为白话文，中国历史上第一篇白话小说、鲁迅的《狂人日记》就发表在这一期上。

护国战争

袁世凯称帝，激起全国人民的义愤。孙中山再度号召各省讨袁，云南都督蔡锷首先宣布云南独立，组织“中华民国护国军”，进军四川、贵州，各省纷纷响应。在全国一片反袁声中，袁世凯的亲信见风使舵，纷纷表示拥护共和，反对袁称帝。在众叛亲离的情况下，袁世凯只做了83天皇帝就被迫取消帝制，并于1916年6月郁郁而终。护国战争取得了胜利。

护法战争

为了维护《临时约法》，1917年孙中山联合西南军阀陆荣廷、唐继尧在广州建立“护法军政府”，孙中山任海陆军大元帅，以对抗由北洋军阀操纵的北京政府，形成南北对峙的局面。

段祺瑞决定以武力消灭护法军政府，派北洋军进攻护法军。护法军进攻湖南、四川等省，打败北洋军，占领长沙、衡阳、重庆等地，湖北、浙江、山东、山西等省宣布独立，段祺瑞被迫下台。冯国璋上台，调遣北洋军击败了护法军。护法军战败，遂与北洋军阀媾和，并改组护法军政府，排挤孙中山。孙中山被迫辞职，护法战争失败。

张勋复辟

1916年6月袁世凯死后，由黎元洪继任大总统，段祺瑞任国务总理，实权为段祺瑞所掌握，于是中央政府出现了“府（总统府）院（国务院）之争”。府院之争到1917年就是否参加第一次世界大战而激化，黎元洪反对参战，段祺瑞极力要求参战。黎元洪下令免去段祺瑞的总理职务，段祺瑞则令属下各省督军宣布独立，并在天津设“独立各省总参谋处”，准备武力倒黎。黎元洪逃到日本使馆。

7月1日，张勋、康有为等拥废帝溥仪复辟。后张勋自命为内阁议政大臣、直隶总督兼北洋大臣，史称“张勋复辟”。段祺瑞见黎元洪已被驱逐，出兵反对复辟，自任讨逆军总司令，于7月12日攻入北京，张勋逃到荷兰使馆，溥仪再次退位。

五四运动

1919年4月，第一次世界大战的战胜国在巴黎召开“和平会议”，规定战败的德国将其在中国的权益无条件转让给日本。消息传到国内，举国震惊。5月4日，北京3000余名大中学生在天安门集会，高呼“外争国权，内惩国贼”“誓死力争，还我青岛”等口号，反对签订条约。

以学生斗争为先导的五四爱国运动由此爆发。运动迅速波及全国。6月3日起，运动的主力由学生转变为工人阶级，中国工人阶级开始以独立的姿态登上政治舞台，各地工人纷纷举行罢工抗议活动。五四运动是中国革命史上具有划时代意义的事件，标志着中国新民主主义革命的开端。

北洋军阀割据

袁世凯死后，北洋军阀分裂成以冯国璋、曹锟为首的直系，以段祺瑞为首的皖系和以张作霖为首的奉系，此外有盘踞山西的阎锡山和割据徐州的张勋。直系和皖系是北洋军阀嫡系，而奉系、阎锡山和张勋是旁系。南方主要有滇系和桂系军阀。

直系、皖系和奉系为了争夺北京中央政权先后发生过多次大战。1920年，直系和奉系联合，打败了皖系，夺取了中央政权。不久，直系和奉系之间爆发了战争。1922年4月，第一次直奉大战爆发，奉军大败，张作霖逃回东北。1924年8月，第二次直奉大战爆发，由于冯玉祥前线倒戈，直系大败，奉系控制了中央政权。

孙中山北伐

粤军自收复广东后，就准备讨伐桂系军阀。桂系军阀陆荣廷也企图重返广州。1921 年 6 月，孙中山任命陈炯明为总司令，讨伐陆荣廷。粤军一路势如破竹，陆荣廷的部下临阵倒戈，响应粤军。粤军占领南宁，陆荣廷逃往上海。孙中山随即来到桂林，建立了北伐大本营，决定讨伐北洋军阀。1922 年，孙中山发布北伐动员令，北伐军进攻湖南。陈炯明与吴佩孚相勾结，阴谋夹击北伐军。孙中山只好率军返回广州，陈炯明出走惠州。5 月 4 日，孙中山在韶关建立北伐大本营，改从江西北伐。北伐军进展迅速，直逼南昌。此时陈炯明公开叛变，炮轰孙中山的住所，孙中山乘“永丰”舰赴上海。北伐失败。

京汉铁路工人大罢工

中国共产党成立后，不断派人到京汉铁路沿线领导工人运动，开办工人夜校，组织工人俱乐部，启发工人“争自由，争人权”。全国已有工会 16 个，组织工人达 3 万之众。经过精心筹备，1923 年 2 月 16 个分会代表到达郑州参加京汉铁路总工会成立大会，但军阀吴佩孚下令禁止召开这个会议，捣毁了总工会，并封锁了代表们的住所。总工会决定举行罢工，于是吴佩孚沿着京汉铁路展开了大屠杀。

1923 年 2 月 7 日，武汉工会代表和江岸工人举行盛大集会和游行。军阀头子吴佩孚在帝国主义的支持下，下令对江岸、郑州、长辛店的罢工工人进行血腥镇压，杀害工人 44 名，伤 300 余人，逮捕 60 余人，开除 1000 余人，制造了震惊中外的“二七惨案”。京汉铁路总工会江岸分会委员长林祥谦和武汉工团联合会法律顾问施洋均在这次屠杀中遇害。

新三民主义

1924 年 1 月，中国国民党一大在广州召开。大会通过了《中国国民党第一次全国代表大会宣言》，在宣言中重新解释了三民主义，使之成为“新三民主义”。在民族主义方面，新三民主义反对帝国主义，主张“中国民族自求解放”和“各民族一律平等”。在民权主义方面，新三民主义着重强调民主权利为一般平民所共有，不许为少数人所专有。在民生主义部分，则提出“平均地权”和“节制资本”两大原则。新三民主义不仅代表了中国民族资产阶级的利益，也与中共的民主革命纲领的主要原则一致，因而成为国共合作的共同纲领和政治基础。

第一次国共合作

1922 年 8 月，中共中央特别会议举行，大会采纳共产国际关于实行国共合作的建议，决定在孙中山按民主原则改组国民党的前提之下，共产党员和社会主义青年团员可以凭个人名义加入国民党，借此推动革命统一战线的形成。1923 年，中共三大通过了这一决定。1924 年 1 月，中国国民党第一次全国代表大会召开，依照国共合作的精神，会议选举出国民党中央执行委员会，共产党人李大钊、毛泽东、瞿秋白等 10 人当选为执行委员和候补委员。国民党一大的召开，标志着第一次国共合作的正式形成，革命统一战线建立起来，全国反帝反封建的国民革命运动也迅速展开。

黄埔军校

孙中山在广州黄埔建立的军事学校，初名中国国民党陆军军官学校。由蒋介石任校长，廖仲恺任党代表，共产党员周恩来任政治部主任。恽代英、萧楚女、聂荣臻、叶剑英等先后在校内任职，不少共产党员和共青团员在军校学习。该校培养了不少军事人才，共产党和国民党的许多重要将领都出自该校。1926 年改名为国民革命军中央军事政治学校。“四一二”政变后，蒋介石将该校改名为中央陆军军官学校，迁至南京，1930 年停办。

五卅惨案

1925 年 5 月 15 日，上海日商纱厂日籍职员枪杀共产党员工人顾正红，激起上海市工人、学生和市民的愤怒。5 月 28 日，中共中央决定进一步动员群众开展反对帝国主义的政治斗争。30 日上午，英国巡捕开枪打死群众十余人，伤几十人，制造了“五卅惨案”。中共中央立即号召上海市民罢工、罢课、罢市，抗议英帝国主义的大屠杀，在共产党人瞿秋白、李立三、蔡和森、刘少奇等领导下成立上海总工会。6 月 1 日，举行工人的总同盟罢工、5 万余学生的罢课，绝大多数商人也举行了罢市。7 日，成立以总工会为核心的“工商学联合委员会”。五卅运动沉重打击了帝国主义，大大提高了中国人民的觉悟，揭开了大革命高潮的序幕。

省港大罢工

为了支援上海“五卅”运动，1925 年 6 月 19 日，香港海员、电车、印务工人在全港工会联合团的指挥下开始大罢工。随后洋务、煤炭、机器、船坞等行业的工人也加入罢工行列。香港当局用紧急戒严和封锁来对付罢工，罢工工人纷纷离开香港回到广州。23 日，广州各界人士 10 万人举行示威游行。当游行队伍经过沙面租界对岸沙基时，租界内的英国士兵突然枪击示威群众，酿成“沙基惨案”。惨案发生以后，香港工人再次掀起罢工高潮，罢工工人迅速达到 25 万人，并成立了省港罢工委员会，统一领导罢工，对香港实行封锁。香港各行各业陷于瘫痪。省港大罢工一直坚持到 1926 年 10 月才结束。

中山舰事件

1926 年 3 月 20 日，蒋介石以听候他命令前来黄埔的中山舰“无故升火达旦”，一定是中共有不法行动为借口，派陆军占领中山舰，逮捕舰长李之龙，并将各部队共产党员及亲共人士 80 多人全部逮捕。这就是“中山舰事件”。事件发生后，中共中央对此采取妥协退让的方针，令党员退出国民革命军第一军，并且辞退了部分苏联顾问。以“中山舰事件”为开端，蒋介石开始逐渐限制和削弱中共，国共合作出现了分裂的趋势。

北伐战争

随着广东革命根据地的巩固，广东国民政府下达了北伐动员令，国民革命军在广州誓师北伐，蒋介石任北伐军总司令。以共产党员为骨干的国民革命军第四军叶挺独立团首先攻入湖南，拉开了北伐的序幕。叶挺独立团顽强作战，一举攻取了战略要地汀泗桥和贺胜桥，接着进军武汉，消灭了吴佩孚的主力。不久，国民革命军在江西歼灭了孙传芳的主力部队。在北伐战争取得节节胜利之际，蒋介石和汪精卫发动反革命政变，大肆屠杀共产党人，并迁都南京。1928 年，南京国民政府在徐州誓师，继续北伐。北伐军逼近北京，张作霖逃回东北，途中被日本人炸死。不久，张学良“东北易帜”，全国统一。

三湾改编

1927 年湘赣边界秋收起义后，毛泽东率起义部队到达江西永新县三湾村。毛泽东在三湾村主持召开前委会议并对部队进行整编，由于部队减员较多，剩下不足千人，因此把原来一个师缩编为一个团，称工农革命军第一军第一师第一团，在军队中建立党的各级组织，营团建党委，连设支部，连以上各级均设党代表，班设党小组，全军设由毛泽东任书记的前委领导。这次改编还确立了军队内的民主制度。三湾改编在人民军队的建军史上具有重要意义，确立了党对军队的绝对领导，保证了军队的无产阶级性质。三湾改编所确立的“党指挥枪”的原则，从政治和组织上奠定了新型人民军队的基础。

“四一二”事变

1927 年 4 月 12 日，孙中山先生的理想在他学生创造的血腥气氛中彻底破灭了。北伐军在上海工人阶级的配合下顺利开进上海，但人们还没来得及庆祝胜利，悲剧就开始了，4 月 12 日，蒋介石开始了预谋已久的反共政变，青洪帮流氓袭击了工人纠察队，并收缴枪支，工人奋起反抗。

在 3 天时间里，300 多人被杀，500 多人被捕，5000 多人失踪，共产党员陈延年、赵世炎等被害。“四一二”事变是蒋介石走向反共独裁的开始。

南京国民政府

“四一二”反革命政变之后，蒋介石在南京召开会议，决定以南京为首都建立国民政府。1927 年 4 月 18 日，南京国民政府举行了成立典礼，胡汉民为政府主席，蒋介石为国民革命军总司令。9 月，宁汉合流以后，武汉政府和南京政府合并。

1928 年 2 月，国民党二届四中全会在南京召开，通过了改组国民政府等议案，规定国民政府受国民党中央执行委员会指导监督，掌管全国政务。政府部门设有内政、外交、财政、交通、司法、农矿、工商等部以及军事委员会、最高法院、监察院等。会议推举蒋介石为军事委员会主席兼国民革命军总司令。10 月，南京国民政府公布《中华民国国民政府组织法》，规定国民政府总揽中华民国主治权，同时任命蒋介石为国民政府主席兼陆海空军总司令。

南昌起义

1927 年 8 月 1 日深夜 2 点，南昌城内骤然响起了密集的枪声，枪声来自驻扎在这里的国民革命军第 4 集团军第 2 方面军第 4 军第 25 师，它的前身是著名的北伐军前锋——号称“铁军”的叶挺独立团，此外还有贺龙、朱德率领的部队共 2 万多人。经过 5 个多小时的战斗，起义军全歼守敌 3000 人，胜利占领南昌。

南昌起义打响了反抗国民党的第一枪，起义队伍里有朱德、刘伯承、贺龙、陈毅（后加入）、聂荣臻、叶剑英、周恩来、李立三、恽代英、彭湃、郭沫若等一批人物。

秋收起义

1927 年中共八七会议以后，毛泽东受中央委派前往长沙领导湘赣边秋收起义。8 月 18 日，讨论制订秋收起义的计划，毛泽东在会上着重阐述了“枪杆子里出政权”的思想，会议决定秋收起义的军事领导机关是由毛泽东为书记的前敌委员会，起义部队统一编为工农革命军第一军第一师。9 月 9 日，湘赣边秋收起义爆发。9 月 19 日，各路起义部队到达文家市。根据敌强我弱的形势，决定改变攻打长沙的计划，转向敌人统治力量薄弱的农村中去坚持武装斗争。

宁汉合流

1927 年 4 月蒋介石成立南京国民政府（宁）以后，与以汪精卫为首的武汉国民政府（汉）展开了激烈的对抗。7 月中旬，冯玉祥出面调停，致电蒋介石和汪精卫，提出在开封举行会议以解决争端。南京政府的胡汉民和桂系军阀李宗仁、白崇禧等趁机联合汪精卫，孤立蒋介石并移兵南京附近。蒋介石于 8 月 13 日宣布下野，随后辞去国民革命军总司令。8 月 25 日，武汉国民政府宣布迁都南京。但汪精卫又受到攻击而继蒋之后宣布下野。宁、汉两方以及西山会议派组成了中国国民党中央特委会，作为国民党临时最高权力机关。9月，特委会宣告武汉政府和南京政府合并，组成新的南京国民政府，史称“宁汉合流”。

土地革命

1928 年，毛泽东在井冈山主持制定了《井冈山土地法》，肯定了农民分配土地的权利。在实施过程中，这一政策不仅得到了贫农和中农的支持，也因注意到不过分反对富农、区分小地主和大地主、对不反动的地主家属酌情照顾而得到了最广大民众的支持，土地革命广泛地开展起来。这是井冈山革命根据地得以生存和发展的最为坚实的社会基础。1947 年 9 月，中共中央召开全国土地会议，制定了《中国土地法大纲》，进一步推动了解放区的土地改革运动。

皇姑屯事件

第二次直奉战争后，日本帝国主义认为有机可乘，便要求奉系军阀首脑张作霖承认日本在华北的种种特权。当时，东北人民反日的情绪高涨，张作霖没有接受日本人的条件，想采取拖延的办法逐渐摆脱日本人的控制。1928 年 5 月，日本公使面见张作霖，发出最后通牒，声称如果张作霖不答应日本侵占华北的条件，日本将采取断然措施。但是，张作霖再一次拒绝了日本的要求。这促使日本人下决心除掉张作霖。

6 月 4 日凌晨，张作霖乘坐的由天津回奉天的火车抵达奉天附近皇姑屯车站的南满铁路桥洞时，突然一声巨响，火车被炸得只剩下底盘，张作霖身负重伤，经抢救无效死亡。

东北易帜

皇姑屯事件后，张作霖之子张学良迅速回到沈阳，就任奉天军务督办。7 月 1 日，通电宣布与南京停止军事行动，决不妨碍统一，但东三省仍然是奉系军阀的地盘，继续悬挂北洋政府时代的五色国旗。担任张学良军事顾问的日本特务头子土肥原贤二起草了一份计划，逼迫张学良实行“东北自治”，当满洲皇帝，做日本人统治东北的傀儡。张学良身负家仇国恨，断然拒绝。12 月 29 日，张学良通电全国宣布“遵守三民主义，服从国民政府，改旗易帜”，悬挂南京国民政府的青天白日旗。12 月 31 日，南京国民政府任命张学良为东北边防军总司令。至此，南京国民政府在形式上完成了统一。

百色起义

1929 年 12 月 11 日，中共中央代表邓小平和共产党人张云逸、雷经天、韦拔群等领导在共产党掌握和影响下的广西警备第四大队、教导队和右江农民军在广西右江百色县举行起义，占领了右江区域内的百色、田东等十余县，建立了红军第七军，张云逸任军长，邓小平任前委书记兼政委。接着，红七军在平马召开右江工农兵代表大会，成立了以雷经天为主席的右江苏维埃政府。

“左联”

“左联”是土地革命战争时期中国共产党领导的革命文艺团体。1930 年 3 月 2 日由鲁迅、沈端先（夏衍）、冯乃超、田汉等 50 余人在上海发起成立。提倡文艺大众化，建立“马克思主义文艺理论研究会”等组织，创办《北斗》《文学月报》等刊物，宣传无产阶级文艺思想；同“新月派”“民族主义文学”“第三种人”等反动文艺流派做斗争。它的成立对团结革命作家和进步作家，在白色恐怖的环境下高举无产阶级战斗旗帜，密切配合共产党所领导的革命斗争，粉碎国民党的文化“围剿”起了重要作用。为建立抗日民族统一战线，“左联”于 1936 年年初宣布解散。

中原大战

全国统一仅几个月的时间，各路军阀的矛盾就凸显出来。冯系、阎系、桂系等对蒋介石独掌大权排斥异己的做法极其不满。1930 年 2 月，阎锡山通电要蒋下野。3 月，原第 2、第 3、第 4 集团军 50 余名将领联名通电讨蒋，并推举阎锡山为中华民国陆海空军总司令，冯玉祥、李宗仁和张学良为副总司令。阎、冯、李分别通电就职，张学良则保持沉默。4 月，蒋介石同阎锡山、冯玉祥、李宗仁等各路军阀在河南、山东、湖南等省展开大规模混战，战局向着对蒋不利的方向发展。为扭转局势，蒋介石向张学良许以国民革命军副总司令之职。9 月 18 日，张学良通电拥蒋，东北军随即南下，与蒋介石部队对阎冯部队形成南北夹击之势。1930 年 11 月，历时 7 个月的中原大战以蒋介石的胜利而告结束。中原大战双方伤亡共 30 多万人，给十几个省的人民带来了深重的灾难。

九一八事变

1931 年 9 月 18 日夜，日本驻东北的侵略军——关东军在沈阳北郊的柳条湖炸断了南满铁路，反而污蔑是中国军队所为。几分钟后，蓄谋已久的日本关东军开始炮轰东北军驻地北大营，随后占领了沈阳。张学良执行蒋介石的不抵抗政策，东北军撤到关内。

接着，日军又在两天之内占领了南满铁洛沿线的营口、安东、本溪、辽阳、铁岭等重要城市，很快东三省全部沦陷。

襄樊战役

1948 年 6 月，人民解放军华东野战军主力和中原野战军一部发动豫东战役，迫使国民党军从豫南、鄂北抽兵北上增援，在鄂北襄阳、樊城（今襄樊）地区仅留第 15 “绥靖” 区司令官康泽率 3 个旅担任守备。其 “绥靖” 区司令部和第 104、第 164 旅分别位于襄阳、樊城，第 163 旅旅部和一个团位于谷城，一个团位于老河口。中原野战军决定集中所部第 6 纵队和中原军区所属桐柏、陕南军区部队主力共 14 个团，由桐柏军区司令员王宏坤统一指挥，发起襄樊战役，夺取川陕鄂三省要冲襄阳、樊城。7 月 2 日，第 6 纵队自河南省新野地区西进，袭击老河口。守军经谷城南撤，谷城守军亦随之南逃。3 日，陕南军区第 12 旅于谷城以南进行截击，将第 163 旅大部歼灭；桐柏军区主力于茨河西北截歼其辎重营。随后，第 6 纵队等部沿汉水南下，于 7 日开始襄樊外围作战，准备首先攻取襄阳。襄阳城三面环水，一面靠山，北与樊城隔汉水相对，城南有羊祜山、虎头山等制高点，地势险要，工事坚固。攻城部队于 10 日攻占了襄阳城外东西两面守军的一些阵地。樊城守军惧战，于 11 日渡河撤入襄阳。攻城部队鉴于襄阳南山主要阵地不易攻占，而城东、城西守军防御薄弱等情况，打破历史上取襄阳必先夺南山的惯例，以一部兵力牵制南山守军，集中优势兵力，用“猛虎掏心”战术，从东西两面，重点置于西面钳击城内守军。战至 13 日，攻城部队占领西关和东关大部。南山守军于 14 日退入襄阳城内，企图固守待援。15 日夜，第 6 纵队和桐柏、陕南军区部队主力发起总攻，分别从西门、城东南与东北角 3 个方向攻入城内，并展开激烈巷战。三路部队密切协作，于 16 日下午合击杨家祠堂第 15 “绥靖” 区司令部，全歼守军。此役共歼灭国民党军 2. 1 万余人，俘康泽。

731 部队

九一八事变以后，日本帝国主义很快在哈尔滨市以南的平房（地名）秘密建立了细菌研究部队——“满洲第 731 部队”。731 部队为把传染菌变为细菌武器，派遣专业人员在中国各地进行疫情调查，以确定细菌研究的主攻方向。为准备细菌战，731 部队大量生产鼠疫、霍乱、伤寒、炭疽等传染病菌，且各种细菌试验都是在活人身上进行的。731 部队先后在常德、浙赣、中苏边境进行野外试验及细菌战。1945 年 8 月，抗日战争胜利前夕，731 部队唯恐暴露其细菌武器杀人的秘密，将在押人员全部杀害，罪证全部销毁，在败逃之时将大量染有鼠疫菌的鼠放出，造成平房地区 1946 年大面积鼠疫流行。

马占山抗日

1931年11月4日，黑龙江省代主席马占山率部抗日。日本帝国主义在侵略辽宁、吉林得手之后进逼黑龙江省，形势非常危急，马占山受命代理省主席兼军事总指挥，奋起领导江桥抗战。江桥抗战从11月4日开始到19日结束，历时16天。日军进攻激烈，部队伤亡过重，马下令全军退出省垣，当夜电告北平，并向各方面发出撤兵通电。黑龙江省城陷落。1932年1月，马占山与日本合作，张景惠建立了伪政权，任黑龙江省省长。正当日本大肆宣传在它的刺刀下扶植的伪满洲国代表“民意”时，一度动摇妥协、被诱逼参加伪政权的马占山，通过所见所闻，认识到他受了欺骗，遂于4月1日率部队重新举起抗日义旗，揭露伪满洲国产生的内幕，并开始重整军队，与日军作战。

伪满洲国

伪满洲国是日本帝国主义在东北建立的傀儡政权。“九一八”事变后，日军经过4个多月作战以武力占领了东北全境，为了对东三省进行殖民统治，日本帝国主义决定建立一个脱离中国的独立国家，他们把清朝末代皇帝溥仪看作是最合适的人选。

1932年3月1日，伪满洲国发表《建国宣言》，9日，溥仪举行就职典礼。1934年1月，“满洲国”改名“满洲帝国”，溥仪坐上皇帝宝座，实际上只是日本人控制的工具。日本帝国主义利用“满洲国”对东北人民进行残暴地统治，掠夺了许多宝贵的资源，杀害了成千上万的中国百姓。

万里长征

1935年10月19日，中央红军经过一年多艰苦卓绝地奋战，终于到达陕北吴起镇，与在那里的徐海东、程子华、刘志丹领导的红

15 军团会合，结束了长征。

中央红军是 1934 年 10 月从江西瑞金出发进行长征的。一年多的时间里，天上每日几十架飞机侦察轰炸，地下几十万大军围追堵截，红军克服了数不尽的艰难险阻，跋涉 2 万余里，纵横 11 个省，终于完成了长征。为此红军付出了沉重的代价，从出发时的 8 万余人减少到 1 万多人。正是经过这艰苦卓绝的长征所留下的星星火种，点燃了中国革命的燎原之火，中国从此开始了一个新时代。

四大家族

即蒋介石、宋子文、孔祥熙和陈立夫、陈果夫四个家族。以蒋介石为首，四大家族凭借政治权力和强制掠夺的方法积累巨额财富，形成庞大的官僚垄断资本集团，成为蒋介石政权的经济基础。四大家族的官僚资本首先从建立独占的金融体系开始，1935 年，中央银行、中国银行、交通银行、中国农民银行、中央信托局和邮政储金汇业局（俗称“四行两库”）成为四大家族金融垄断的中心机构。抗日战争爆发前，四大家族官僚资本形成，抗日战争期间和日本投降以后达到最高峰，集中了约 200 亿美元的财产。中华人民共和国成立以后，没收四大家族的官僚资本，成为社会主义国营经济的组成部分。

遵义会议

1935 年 1 月 15 日，中共中央在贵州遵义召开政治局扩大会议。博古代表党中央对红军此前的失败进行了总结，他认为失败是因敌人过于强大。而周恩来在副报告中承认自己作为军事计划的最高领导人犯了严重错误。而中共中央政治局候补委员曾与王明、博古过从甚密，且与毛泽东发生过严重冲突的王稼祥的发言使会议发生了关键性转折。他尖锐地批判了博古、李德的军事路线。遵义会议改组了中央领导机构，毛泽东当选政治局常委，博古、李德的军事指挥权被剥夺，成立了由毛泽东、周恩来、王稼祥组成的三人军事指挥小组，领导军事工作。遵义会议确立了毛泽东在中共和红军的领导核心地位，这一事件对中国历史的重大影响是出席会议的所有人都难以想象的。

《何梅协定》

1935 年 6 月 9 日，日本华北驻屯军司令官梅津美治郎向国民党华北军分会代理委员长何应钦提出无理要求，何应钦被迫答应，签订了《何梅协定》，主要内容是：取消河北省内一切国民党党部；撤退驻河北的国民党中央军和东北军；解散国民党军分会政治训练处及蓝衣社、励志社；罢免河北省主席于学忠；取缔一切反日团体及活动。该协定默认了日本对东三省和热河的占领，为日军进攻华北大开方便之门。

《八一宣言》

1935 年 8 月 1 日，中国共产党发表了《为抗日救国告全体同胞书》，又称“八一宣言”。在日本帝国主义疯狂侵略中国和国民党政府加紧卖国的情况下，亡国灭族的大祸迫在眉睫，中国共产党再一次向全体同胞呼吁：无论各党派过去和现在有任何政见和利害的不同，无论各界同胞有任何意见上或利益上的差异，无论各军队间过去和现在有任何敌对行动，都应该团结起来，停止内战，一致抗日。宣言号召全体同胞集中人力、物力、财力，为抗日救国的神圣事业而奋斗。《八一宣言》的发表，对全国抗日民主运动的高涨产生了极大的影响。

瓦窑堡会议

1935 年 12 月，中国共产党在陕北瓦窑堡召开中央政治局会议，会议通过了《关于军事战略问题的决议》，确定把国内战争同民族战争结合起来，“准备直接对日作战的力量”，同时提出抗日游击战争在战略上的重大作用。会议还通过了《关于目前政治形势与党的任务决议》，决议全面地分析了国内外的政治形势和阶级关系的新变化，确定了建立最广泛的抗日民族统一战线的政策。这次会议标志着中国共产党开始从土地革命战争向全民族抗日战争转变。

“一二·九”运动

1935 年 12 月 9 日，北平学生 6000 多人聚集在新华门前，向国民政府军政部长何应钦请愿。学生代表提出了 6 项要求：反对所谓“防共自治运动”；公开宣布中日交涉经过；不得任意逮捕人；保障地方领土安全；停止一切内战；要求言论集会结社出版自由。学生遭到国民党军警的镇压，100 多人受伤，30 多人被捕。第二天，北平学联宣布总罢课。16 日是国民党亲日的“冀察政务委员会”成立之日，北平学生和各界民众 3 万余人举行了更大规模的游行示威，与军警再次发生激烈冲突。学生的爱国行动在全国激起很大反响，天津、济南、南京、上海、杭州、武汉、南宁等地爆发了规模更大的游行示威。各地爱国人士先后成立了各界救国会，要求国民党政府停止内战，一致抗日。抗日救亡运动的新高潮在全国迅速兴起。

七君子事件

1936 年 11 月 23 日凌晨，国民政府将在上海领导各界抗日救亡运动的救国会领导人沈钧儒、章乃器、邹韬奋、李公朴、沙千里、史良、王造时等 7 人非法逮捕入狱，引起震惊。时人将这起震惊全国的案件称为“七君子事件”。

次年春，国民党不顾各界群众的抗议之声，对沈、邹等 7 人起诉公审。

西安事变

1936 年，蒋介石飞抵西安，决定亲自督促东北军“剿共”。张学良力劝蒋介石停止内战，一致抗日，遭到蒋介石的申斥。张学良、杨虎城二人忍无可忍，决定“兵谏”。1936 年 12 月 12 日凌晨，张学良和杨虎城指挥部队包围了蒋介石的行宫华清池，把蒋介石软禁了起来，这就是震惊中外的“西安事变”。西安事变爆发后，周恩来应邀抵达西安与张杨二人紧急磋商，并与国民政府代表宋子文会谈，最后达成停止“剿共”、一致抗日等承诺。西安事变最终和平解决，蒋介石被释放后回南京。

第二次国共合作

西安事变和平解决，为第二次国共合作创造了条件。1937 年 2 月起，国共两党代表先后在西安、杭州、庐山和南京等地举行谈判。8 月，国共双方达成协议。国民政府军事委员会发布命令，将红军改编为国民革命军第八路军，由朱德和彭德怀分别担任正副司令，下辖 3 个师，林彪、贺龙、刘伯承为师长。改编后的第八路军在朱德和彭德怀的率领下迅速开赴晋察冀战争前线，投入抗日战争。1937 年 9 月 22 日，国民党中央通讯社正式公布《中国共产党为公布国共合作宣言》。第二天，蒋介石发表谈话，表示欢迎国共合作，共赴国难。至此，第二次国共合作实现，抗日民族统一战线正式形成。全国抗日力量空前团结，为抗日战争的进行创造了有利的条件。

“七七”事变

1937 年 7 月 7 日，驻北平丰台的日军借口士兵失踪要求进入宛平城搜查，遭到中国守军拒绝，日军随即包围宛平城。几小时后，炮声响起，这标志着中国人民全面抗日战争的开始。

“八一三”事变

上海是中国的金融和工商业中心，与国民政府首都南京毗邻。自开埠以来，几未遇战火。“九一八”事变之后，日本大本营认为：欲置中国于死地，必先占领这个中国的心脏地带。于是，日本再次玩弄伎俩，于 1937 年 8 月 13 日在上海虹桥机场制造事端，挑起了八一三事变。

8 月 9 日，一个日本军官带领士兵无理闯入虹桥机场，担任机场警卫的中国保安队卫兵出面制止，日军首先开枪打死保安队卫兵。中国保安队激于民族义愤，严正还击，当场将日军军官与士兵击毙。日军以此为由，于 8 月 13 日对上海发动大规模进攻，中国第 3 战区军队奋起抵抗，淞沪会战由此展开。

次日，中国政府发表《自卫抗战声明》："中国决不放弃领土之任何部分，遇有侵略，唯有实行天赋之自卫权应之。"接着，日本政府发表声明："为膺惩中国军队的暴戾，以促使南京政府之反省，今即采取断然措施。"日本的侵略战争由此进一步扩大。

《抗日救国十大纲领》

抗日战争爆发后，中国共产党于 1937 年 8 月 22 日至 25 日在陕北洛川召开的中央政治局扩大会议上制定并通过《抗日救国十大纲领》。主要内容有：打倒日本帝国主义；全国军事的总动员；全国人民的总动员；改革政治机构；抗日的外交政策；战时的财政经济政策；改良人民生活；抗日的教育政策；肃清汉奸卖国贼亲日派，巩固后方；抗日的民族团结。

平型关大捷

1937 年 9 月下旬，日本精锐第五师团和关东军察哈尔兵团向平型关至茹越口的长城防线进犯。经侦察得知日军第五师团第 21 旅将经过平型关后，八路军第 115 师在师长林彪、副师长聂荣臻的率领下，冒雨赶到平型关公路两侧高地，决定利用平型关的有利地形伏击敌人。25 日 7 点，日军第 21 旅一部和大量辎重车辆进入 115 师的设伏地区。由于道路狭窄，雨后路面泥泞不堪，日军人马车辆拥挤不堪，行动迟缓。115 师抓住战机，向敌人全线开火，并趁敌人混乱之际发起冲锋，与敌人展开白刃战。115 师一部分歼其先头部队，阻其南窜，一部分包围敌后尾部队，断其归路。平型关大捷消灭了日军精锐第五师团 21 旅 1000 余人，是华北战场上中国军队主动出击歼敌的一次重大胜利，打破了“日军不可战胜”的神话。

新四军军部成立

根据国共两党达成的协议，红军主力改编为八路军之后，在南方坚持斗争的红军游击队改编为国民革命军陆军新编第四军，简称新四军。1938 年 1 月 6 日，新四军军部在江西南昌正式成立。叶挺为军长，项英为副军长，张云逸为参谋长。下辖 4 个支队，司令员分别是陈毅、张鼎丞、张云逸和高敬亭。随后，江西、福建、浙江、湖南、广东、湖北、河南、安徽 8 省 13 个地区的红军游击队统一集结，整编为新四军，共一万余人。

南京大屠杀

1937 年 12 月，日军占领南京后，对中国人民进行了惨无人道的大屠杀。在短短的 6 个星期内，惨遭日军杀害的中国人民总数在 30 万以上，其中包括很多手无寸铁的妇女和儿童。在大肆抢掠财物的同时，日军将全城约 1/3 的房屋焚烧、毁坏。

徐州会战

日军占领南京、济南后，计划从南北两端沿津浦铁路夹击徐州，将南北战场连成一片。

第五战区司令长官李宗仁指挥军队积极部署，以确保徐州的安全。南线日军沿津浦线北上，强渡淮河，张自忠率军反击，日军败退。双方隔河对峙。北线日军第二集团军司令官西尾寿造指挥日军分两路南攻，占领了大片领土，逼近鲁南要地临沂，企图从东路进攻徐州。张自忠率部支援，取得了临沂战役的胜利，歼敌 3000 人。

中国军队集中兵力，多次猛攻占领徐州门户台儿庄的日军第10师团濑谷支队。日军除小部分突围外，大部分被歼，死伤1万人。中国军队取得抗战以来一次重大胜利。蒋介石决定在徐州集结重兵与日军决战。重新部署的日军从鲁西、淮北再次南北推进，5月15日完成对徐州地区的包围。李宗仁奉命率第五战区军队沿陇海线西撤，徐州陷落。

台儿庄战役

台儿庄战役是徐州战役的组成部分。日军占领南京后，为打通津浦路连接南北战场，开始进行以夺取徐州城为主要目标的作战。中国军队采取利用优势兵力进行运动战，各个击破分进运动之敌的作战方法，由第五战区司令长官李宗仁驻徐州指挥。

滕县失守后，矶谷师团大举南下，自滕县循津浦路临枣支线直扑台儿庄。1938年3月23日，台儿庄大战开始，日军不断增兵猛攻。蒋介石于次日亲临督战，下令若失掉阵地，将处分战区司令及在徐州协助李宗仁指挥的副参谋总长白崇禧和所有旅以上长官。守军池峰城部第31师浴血固守，死守不退。如此坚守半月之久，将日军主力吸引在附近。直至4月3日，汤恩伯第20军团加入战斗，内外夹击大举反攻，6日晚，国民党军全线出击，被围日军1万余人被歼，中国军队取得了自平型关大捷之后的又一个重大胜利。

长沙会战

1939—1942年，日军先后3次大规模进攻长沙。中国军队与日寇展开殊死搏斗，即3次长沙会战。

第一次长沙会战于1939年9月14日开战，日军兵分3路，采取“分进合击、正面突破、两翼包抄”的战术，企图消灭中国第五战区的主力，一举攻克长沙。中国军队顽强抵抗，与日军进行了异常激烈的战斗。10月1日，日军死伤2万余人，被迫撤退。

第二次长沙会战于1941年9月17日开战，日军15万人进攻长沙。27日，占领长沙。中国军队逐次抵抗，诱敌深入至汨罗河，实施包围后发动猛攻。日军突围北撤，会战结束。

第三次长沙会战于1941年12月开战，日军为了策应其对香港的进攻，再次进攻长沙。中国军队再一次诱敌至长沙近郊，将日军重重包围。1942年1月，日军突围，死伤5.6万人。

百团大战

抗日战争进行到1940年，各战场呈现出胶着状态。7月，八路军总司令朱德、副司令彭德怀和副总参谋长左权向晋察冀军区、第120师、第129师下达了关于以破击正太铁路为中心的“战役预备命令”。8月，八路军总部下达“战役行动命令”。1940年8月20日晚，正太铁路破击战按计划全面展开。军区部队由陈赓亲率开往正太前线，陈赓直接指挥这次破击战的中央纵队。左翼纵队进击正太铁路西段，横扫寿阳至榆次间100多里的铁路沿线，炸断了每一座桥梁，炸毁了每一个车站，肃清了沿线所有日军据点及其守备部队。八路军在抗日战争中最大的一次战役就这样轰然打响。此后，战斗迅速扩展到除山东以外的整个华北地区和主要交通线。八路军参战的兵力随着战役的发展达到115个团，故称“百团大战”。

大生产运动

1941年，由于日本帝国主义的疯狂“扫荡”、国民党顽固派的军事包围和经济封锁，以及自然灾害的侵袭，陕甘宁边区的财政、经济遇到极为严重的困难。为了战胜困难，坚持抗战，中共中央提出了“发展经济、保障供给”的方针，号召解放区军民自力更生，克服困难，开展大规模的生产运动。解放区军民在中共中央领导下，开展了南泥湾、槐树庄、大风川等地的屯田大生产运动。各级干部也都积极投入大生产运动，和群众同甘共苦。大生产运动的开展，使解放区克服了严重的物质困难，改善了军民的生活。

皖南事变

1940 年 12 月，蒋介石下令，要求在 1940 年 12 月 31 日前，新四军必须开到长江以北，八路军必须退到黄河以北，否则将军事解决。中共中央为了顾全大局，致电新四军政委项英，要求趁国民党尚未部署完毕迅速撤离。但项英拖延不决，失去了安全撤退的大好时机，也给了蒋介石“违抗军令”的口实。1941 年 1 月 4 日，项英率新四军军部和部队共 9000 余人北撤。6 日，当新四军进入安徽泾县茂林地区时，遭到事先埋伏的国民党军顾祝同部和上官云相部 7 个师 8 万余人的包围袭击。新四军血战七昼夜，终因众寡悬殊，措施失当，弹尽粮绝，除 2000 人突围外，大部分壮烈牺牲。军长叶挺谈判时被扣，项英被叛徒杀害。

延安整风运动

1941 年 5 月 19 日，毛泽东在延安干部会议上作了题为《改造我们的学习》的报告，整风开始。12 月，中共重要文件《六大以来》正式出版，书中包括自 1928 年 6 月党的第六次全国代表大会至 1941 年 11 月的 55 个文件。这本书是整风运动准备阶段高级干部学习的主要读物。1942 年 2 月，中国共产党在延安和各抗日根据地进行的整顿党的作风的运动，由准备阶段进入普遍整风阶段。自此，全党范围的整风运动开始。整风运动的学习文件是毛泽东的《改造我们的学习》《整顿党的作风》《反对党八股》，刘少奇的《论共产党员的修养》，陈云的《怎样做一个共产党员》，及其他有关文件和论著。整风运动的方针是“惩前毖后，治病救人”，其具体方法是：在学习文件的基础上检查自己的工作、思想，开展批评与自我批评，找出错误产生的根源及克服错误的方法。党的高级干部还着重学习、讨论了党史。

狼牙山五壮士

1941 年，几万日军对晋察冀边区进行大扫荡，边区军民团结起来展开“反扫荡”的英勇斗争。9 月下旬，日军又集结 3000 多人，分路搜索边区东部的制高点狼牙山。为掩护主力部队和人民群众安全转移，25 日早晨，一分区一团七连六班的葛振林、胡德林、宋学义、胡福才在班长马宝玉的带领下，把敌人引到狼牙山的半山腰。他们居高临下，打击敌人的进攻。到了黄昏，掩护任务已经完成。班长马宝玉带领 4 名战友顺山梁向后撤退，这才发现后面是悬崖。5 名英勇的八路军战士用最后的子弹、手榴弹和可搬动的石头打击蜂拥而上的敌人。他们宁死不屈，砸碎手中的枪后，高呼“中国共产党万岁”跳下万丈深渊。他们中 3 人壮烈牺牲，两人受伤脱险，被人们称为“狼牙山五壮士”。

精兵简政

1941 年 11 月 6 日，开明绅士李鼎铭在延安召开的陕甘宁边区第二届参议会上首次提出“精兵简政”这一重要政策。同年 12 月，中共中央向各抗日根据地发出了精兵简政和发展经济等问题的指示。精兵，即提高部队的质量，增强战斗力。所有脱产的武装部队不能超过居民数的 2%，并大力发展不脱产的民兵，加强民兵的战斗力。简政，即紧缩合并行政机构，健全工作制度，按各人的特长适当调整，政府机关、民众团体脱产人员不超过居民总数的 1%。陕甘宁边区最先响应，各抗日根据地积极执行。精兵简政加强了部队的战斗力，克服了机关重叠、人浮于事等现象，减轻了人民负担，对增加生产、克服当时的困难起了很大的作用。

中共“七大”

1945 年，抗战即将取得全面胜利，中国共产党人又面临一个新的历史抉择，即如何在彻底打败日本侵略者后建立一个独立、自由、民主、统一与富强的新中国。为此，4月23日至6月11日，中国共产党召开了第七次全国代表大会。会议讨论并通过了毛泽东的政治报告《论联合政府》、朱德的军事报告《论解放区战场》和刘少奇的《关于修改党章的报告》。这次大会是中国共产党建党以来民主革命时期我党最重要的一次代表大会，向全国人民指明了打败日本侵略者，建立新民主主义新中国的目标。大会总结了我国民主革命的历史经验，制定了更为具体的纲领和政策，确立了毛泽东思想为全党一切工作的指针，标志着党在政治上、思想上、组织上达到空前的团结与统一，为最后打败日本侵略者，争取新民主主义革命在全国的胜利奠定了基础。

重庆谈判与《双十协定》

抗战胜利后，社会各界呼吁国共双方进行政治谈判，组成联合政府，避免内战。蒋介石在1945年8月3次电邀毛泽东赴重庆“共商国家大计”。8月28日，毛泽东在周恩来、王若飞等的陪同下飞抵重庆。次日，国共双方开始会谈。经过艰苦谈判，国共双方于10月10日正式签署《政府与中共代表会谈纪要》，即《双十协定》。国民政府表示承认同意“坚决避免内战，建设独立、自由和富强的新中国”和召开政治协商会议，但双方在人民军队和解放区政权两个根本问题上未能达成一致意见。1946年1月10日，双方正式签署《关于停止国内军事冲突的命令和声明》。但很快蒋介石就撕毁停战协定，悍然发动内战。

校场口事件

1946年2月2日，由协进会等23个团体发起举行庆祝政治协商会议成功的大会。10日晨，当参加大会的群众团体陆续进入会场时，会场两侧布满特务打手。中统特务控制了会场，抢占了主席台。李公朴、施复亮上前阻拦遭到毒打，郭沫若、陶行知、章乃器劳协会员等

60余人被打伤。这一事件充分暴露国民党反动派破坏政治协商会议决议、坚持独裁内战的反动面目。这次事件又被称为“校场口事件”。

李闻血案

1946年1月政协会议后不久，国民党撕毁了《停战协定》和《政协决议》，再次向解放区发动了全面地进攻。李公朴、闻一多均为中国民主同盟中央执行委员会委员，昆明民主运动的重要领导人。他们坚决反对国民党发动内战，赞成共产党提出的建立联合政府与和平民主建国的主张，多次呼吁结束国民党的一党专政，因此被国民党特务列入黑名单。1946年7月11日晚，民盟中央执行委员李公朴与夫人被暗杀。7月15日上午，同为民盟中央执行委员的闻一多赴云南大学致公堂参加李公朴死难经过报告会，在会上作了著名的“最后一次的讲演”，会后即遇刺身亡。李闻血案激起全国人民和世界爱好和平人士的义愤，国统区反内战浪潮日益高涨。

“二二八”事件

1947年2月27日，台湾专卖局缉私人员和警察在台北市查缉走私香烟时，打伤女烟贩林江迈，并打死围观群众陈文溪，激起了台湾民众的义愤。2月28日，群众围攻专卖局，下午到行政长官公署请愿，遭到卫兵开枪射击，多名群众被打死打伤。血案激起台北市民对国民党政权的仇视。台北市民众罢工、罢市、罢课，全岛各地出现抗官事件。台湾行政长官陈仪宣布戒严。3月2日，台北民众成立“二二八事件处理委员会”，与行政长官公署进行交涉，并于3月7日提出涉及地方自治的42条要求，政治目标不断提高，甚至要求接管行政长官公署。国民党政府接到事件报告后认为是叛乱事件，于是派出军队进行血腥镇压。这就是“二二八”事件。

延安保卫战

1947年3月，国民党军集中23万兵力由南、西、北三面向陕甘宁解放区发动“重点进攻”，妄图消灭中共中央、人民解放军总部和陕甘宁边区的部队。3 月 13 日，胡宗南指挥 151 个旅 14 万人自洛川、宜川北犯，直取延安。为了掩护中共中央机关和群众转移，西北野战军以 1 个旅另 1 个团的兵力驻于延安以南地区，以运动防御阻击敌人，主力 3 个旅集结待命。16 日，根据中共中央军委的决定，西北野战兵团和地方部队统归军委副主席兼总参谋长彭德怀、中共西北局书记习仲勋指挥。西北野战军为“保卫党中央，保卫毛主席”进行了顽强地抗击，给敌以重创，迟滞了敌人的进攻。

辽沈战役

1948 年 9 月 12 日，中国人民解放军打响了辽沈战役。东北野战军司令林彪指挥 6 个纵队加 4 个师向锦州地区发起进攻。到 10 月 1 日，连克昌黎、北戴河、绥中、兴城、义县等城，切断了北宁路，孤立了锦州。辽沈战役分为 3 个阶段，经过 52 天的连续作战，以伤亡 6. 9 万人的代价，取得了歼敌 1 个“剿匪”总司令部、4 个兵团部、11 个军部、33 个整师共 47 万人并解放东北全境的伟大胜利。辽沈战役于 1948 年 11 月结束。

淮海战役

国民党军徐州“剿匪”总司令刘峙集团和杜聿明集团集结在以徐州为中心的陇海铁路郑州至连云港段，津浦铁路薛城至蚌埠段，担负着拱卫首都南京的重任。1948 年 11 月 6 日，淮海战役打响。华东野战军在刘伯承、邓小平、粟裕等率领下，将国民党军的黄百韬兵团包围在运河以西以碾庄圩为中心的 18 平方公里的区域内，全歼敌军，黄百韬自尽。12 月 1 日，国民党军弃徐州向西南逃窜。4 日，华东野战军将徐州逃敌包围。6 日，国民党军孙元良兵团突围时被歼，孙元良只身潜逃。同日，中原野战军和华东野战军对黄维兵团发起总攻。经过激战，全歼敌军，生俘黄维。1949 年 1 月 6 日至 10

日，华东野战军对被包围的杜聿明集团发起总攻，全歼邱清泉、李弥两个兵团共30万人，俘获杜聿明，邱清泉开枪自尽，李弥逃脱。淮海战役结束。

平津战役

1948年11月29日，中国人民解放军东北野战军和华北野战军在林彪、聂荣臻、罗荣桓等领导下，根据中共中央的命令发动了平津战役。华北“剿总”司令傅作义因与蒋介石有矛盾而迟迟不愿南撤。战役开始后，解放军将国民党在华北的60余万部队分割包围，12月22日首先围歼了新保安国民党35军军部和两个师，24日攻占张家口，全歼敌军5万，傅的西逃之路被切断。1949年1月15日，攻克天津，全歼守军13万余人，俘虏华北“剿总”副司令陈长捷，傅的南逃之路被堵。经过艰苦谈判，1月20日，傅作义接受和平改编，宣布起义。1月31日，解放军进入北平，北平宣告和平解放，千年古都免遭战火销蚀。

渡江战役

三大战役后，1949年4月20日国民党政府拒绝在《国内和平协定》上签字。中国人民解放军第二、第三野战军执行毛泽东主席和朱德总司令《向全国进军的命令》，在长江南北广大人民的支援下，于1949年4月21日凌晨以木帆船为主要渡江工具，在西起九江东北的湖口，东至江阴，长达500余公里的战线上，强渡长江，彻底摧毁了敌人苦心经营3个半月的长江防线。4月23日，解放南京，宣告国民党统治的覆灭。5月3日解放杭州，22日解放南昌，27日解放上海。6月16日解放汉口，17日解放武昌、汉阳。整个战役共歼敌46个师43万余人，解放了江苏、浙江、江西、安徽、湖北等省的广大地区和福建的部分地区，为进军华东、华南、西南创造了有利条件，加速了全中国的解放。

第十一篇

中华人民共和国：一唱雄鸡天下白

中国人民政治协商会议

中国人民政治协商会议是在新中国建立前夕召开的。1949 年 9 月，中国人民政治协商会议举行了第一届全体会议。参加会议的代表共有 662 人，包括中国共产党和各民主党派、各人民团体、各地区、人民解放军、少数民族、国外华侨、宗教界人士等 46 个单位的代表以及特别邀请的人士，具有十分广泛的代表性。人民政协第一届全体会议代行全国人民代表大会的职权，代表全国人民的意志，宣告中华人民共和国的成立，通过了具有临时宪法性质的《中国人民政治协商会议共同纲领》《中国人民政治协商会议组织法》《中华人民共和国中央人民政府组织法》，决定中华人民共和国定都北京，国旗为五星红旗，以《义勇军进行曲》为国歌，采用公元纪年法纪年，选举了中央人民政府主席、副主席、委员，并选举产生了中国人民政治协商会议第一届全国委员会。

抗美援朝战争

抗美援朝战争是中华人民共和国政府应朝鲜民主主义人民共和国的请求，为粉碎以美国为首的“联合国军”对朝鲜民主主义人民共和国的侵犯，保卫中国安全，派出志愿军于 1950 年 6 月至 1953 年 7 月赴朝鲜进行的战争。

土地改革

1950 年 6 月 30 日，中央人民政府根据全国解放后的新情况颁布了《中华人民共和国土地改革法》，规定废除地主阶级封建剥削的土地所有制，实行农民的土地所有制。同年冬起，没收地主的土地分给无地或少地的农民耕种，同时分给地主应得的一份，让他们自己耕种，自食其力，借以解放农村生产力，发展农业生产，为新中国的工业化开辟道路。《土地改革法》将过去征收富农多余土地、财产的政策改变为保存富农经济的政策，以便更好地孤立地主，保护中农和小土地出租者，稳定民族资产阶级，以利于早日恢复和发展生产。《土地改革法》公布以后，在 3.1 亿人口的新解放区分期分批有计划、有秩序地开展了土改运动。近 3 亿无地少地的农民分到 7 亿亩土地和大量的农具、牲畜和房屋等，还免除了每年向地主缴纳约 350 亿千克粮食的地租。

第一届全国人民代表大会

1953 年，中国基层政权在普选的基础上逐级召开人民代表大会。1954 年 9 月，各民族 1226 名代表从祖国的四面八方来到北京，参加第一届全国人民代表大会第一次会议。

会议制定和颁布了中国历史上第一部人民的宪法——《中华人民共和国宪法》，明确规定：中华人民共和国的一切权力属于人民。人民行使权力的机关是全国人民代表大会和地方各级人民代表大会。为了保障这些原则规定，大会还先后通过关于国家机构的 5 个组织法。一个中国历史上前所未有的、人民当家做主的新时代到来了。

会议选举毛泽东为中华人民共和国主席，朱德为副主席，刘少奇为第一届全国人大常委会委员长，董必武为最高人民法院院长，张鼎丞为最高人民检察院检察长。大会根据毛泽东的提名，决定周恩来为国务院总理。

据 1954 年宪法的规定，全国人大每届任期 4 年，基层人大每届任期 2 年，但在“文化大革命”期间，人民代表大会制度遭到破坏，1979 年后人大工作才重新走上正轨。全国人民代表大会及其常委除制定和修改宪法外，还制定了一系列法律，审议和决定国家的一些重大事项，并积极开展同外国议会和人民之间的交往。

第一个五年计划

新中国成立以后，经过 3 年的经济恢复，国民经济得到根本好转，工业生产超过历史最高水平，但是我国那时还是一个落后的农业国，许多工业产品的人均拥有量远远低于发达国家。

为了有计划地进行社会主义建设，我国政府编制了发展国民经济的第一个五年计划。这一阶段的基本任务是：集中所有力量发展重工业，建立国家工业化和国防现代化的初步基础；相应地发展交通运输业、轻工业、农业和商业；相应地培养建设人才。第一个五年计划从 1953 年开始执行，是我国工业化的起点。

社会主义三大改造

社会主义三大改造是指新中国成立初期中国共产党在全国范围内组织的对于农业、资本主义工商业和手工业进行的社会主义改造。

整风运动

由于中共在建设社会主义新时期时缺乏经验，许多人习惯用阶级斗争的组织形式和处理方法来对待人民内部矛盾的问题；同时中共党内一些同志滋长了骄傲自满的情绪，滥用党的威信，单纯靠行政命令办事，官僚主义、宗派主义、主观主义有了新的发展。因此，1957 年在全党范围内进行了一次整风运动，以提高全党马列主义水平，更好地调动一切积极因素进行社会主义建设。措施是各级党组织召开座谈会，征求对党的意见，帮助党整风。

“大跃进”和农村人民公社化运动

“大跃进”主要是指 1958 年在钢铁、粮食等主要产品生产方面盲目追求高速度、高产量的运动。

1958 年 2 月 2 日《人民日报》社论宣称：“我们国家现在正面临着一个全国大跃进的新形势，工业建设和工业要大跃进，农业生产要大跃进，文教、卫生事业也要大跃进。”为了实现 1958 年生产钢 1070 吨的任务，全国掀起了全民大炼钢铁运动，破坏了国民经济的正常发展。农村人民公社化运动是在“大跃进”中发展起来的，它的特点是“一大二公”。即规模大（一般为 2000 户左右）、公有化程度高。权力过分集中，基层生产单位没有自主权，生产中没有责任制，分配上实行平均主义，这极大地挫伤了农民的生产积极性。“大跃进”和人民公社化运动使“左倾”错误泛滥开来，造成国民经济比例严重失调，是导致 1959—1961 年严重困难的主要原因。

“上山下乡”运动

上山下乡运动指的是 20 世纪六七十年代中国的“文化大革命”运动后期，中国共产党组织大量城市知识青年离开城市，在农村定居和劳动的政治运动。

江青“四人帮”反革命集团

“四人帮”是指江青、姚文元、王洪文、张春桥四人在“文化大革命”期间所结成的帮派。“四人帮”这一称谓最先由毛泽东于 1974 年 1 月初，在对江青等人借“批林批孔”之机把矛头指向周恩来的批评中提出的。

“四人帮”成员早期是“中央文革小组”的重要成员，后全部进入中央政治局，并担任重要的职位。在其政治活动期间，名义上执行“左”的革命路线，对大批革命老同志、国家干部、知识分子进行迫害，试图夺取国家政权。

1976 年 10 月 6 日，以华国锋、叶剑英、李先念等为代表的中央政治局采取断然措施，将江青、张春桥、姚文元、王洪文实行隔离审查。18 日，中共中央发出《关于王洪文、张春桥、江青、姚文元反党集团事件的通知》，粉碎了“四人帮”反革命集团。

四五运动

1976 年 4 月 5 日发生的以天安门事件为代表的反对“四人帮”的全国性的群众抗议运动。

1976 年 1 月 8 日，周恩来逝世，全国各族人民无限悲痛。但是，“四人帮”压制广大人民群众悼念周恩来，诬陷邓小平，加紧篡党夺权的阴谋活动，激起人民群众的义愤。3 月下旬至 4 月 5 日，全国各大城市的广大群众自发进行悼念周恩来，抗议“四人帮”的各种活动。清明节前后，北京市上百万人民群众自发地聚集于天安门广场，在人民英雄纪念碑前献花篮、送花圈、贴传单、作诗词，悼念周恩来，拥护邓小平，声讨“四人帮”。

十一届三中全会

1978 年 12 月 18 日至 22 日，中国共产党第十一届中央委员会第三次全体会议在北京举行。出席会议的中央委员 169 人，候补中央委员 112 人。会议果断地停止使用“以阶级斗争为纲”和“无产阶级专政下继续革命”的口号，做出把工作重点转移到社会主义现代化建设上来的战略决策，并富有远见地提出对党和国家各个方面的工作进行改革的任务。此次会议重新确立了党的正确的组织路线，提出健全社会主义民主和加强社会主义法制的任务，审查和解决了党的历史上一批重大冤假错案和一些重要领导人的功过是非问题，纠正了过去对彭德怀、陶铸、薄一波、杨尚昆等同志所做的错误结论。全会增选陈云为中共中央副主席，邓颖超、胡耀邦、王震为中央政治局委员，并选举了以陈云为首的中央纪律检查委员会。十一届三中全会是新中国成立以来党的历史上最具意义的重要会议，它从根本上冲破了长期“左”倾错误的严重束缚，端正了党的指导思想，在拨乱反正，提出改革任务，推动农村教育改革方面起了伟大的历史作用。

对外开放

1979 年 7 月，党中央、国务院批准对广东、福建两省的对外经济活动实行特殊政策和灵活措施，出口特区先在深圳、珠海两市划出部分地区搞试点，揭开我国对外开放的帷幕。1980 年 8 月，第五届人大常委会 15 次会议决定，在深圳、珠海、汕头、厦门设立 4 个经济特区，作为对外开放的第一步。

在特区内吸收和利用外资，生产外销产品，政府给予优惠政策。经过几年努力，特区经济发展十分迅速。1984 年 3—4 月，中共中央书记处和国务院在京召开沿海部分城市座谈会，开放大连、秦皇岛、天津、烟台、青岛、连云港、南通、上海、宁波、温州、福州、广州、湛江、北海 14 个沿海港口城市。1985 年正式决定把长江三角洲、珠江三角洲、闽南三角地区开辟为沿海经济开放地区，要求这 3 个地区内外结合，以外向型经济为主，大力发展出口产品，增加创汇能力；努力引进先进科学技术，加以吸收消化和创新，推动全国科技进步；为国内市场提供更多的优质产品，为国家积累更多的资金；学习外国社会化大生产的经营管理方式和经验，创造适合我国情况的经营管理方法。1988 年 4 月 26 日，海南省正式成立，建成我国最大的经济特区。邓小平同志阐明了“一个国家、两种制度”的方针，不仅为解决香港、澳门、台湾问题找到了途径，而且极大地促进了对外开放政策的实施，加速了我国社会主义现代化建设的进程。

香港回归祖国

1997 年 7 月 1 日零点，中华人民共和国国旗和香港特别行政区区旗在香港升起，经历了百年沧桑的香港回到祖国的怀抱，中国政府开始对香港恢复行使主权。

中英两国政府香港政权交接仪式于 6 月 30 日子夜举行。23 时 42 分，交接仪式正式开始。23 时 56 分，中英双方护旗手入场，象征两国政府香港政权交接的降旗、升旗仪式开始。23 时 59 分，英国国旗和香港旗在英国国歌乐曲声中缓缓降落。随着米字旗的降下，英国在香港一个半世纪的殖民统治宣告结束。

7 月 1 日零点整，中国人民解放军军乐队奏起雄壮的中华人民共和国国歌，中国国旗和香港特别行政区区旗一起徐徐升起。中华人民共和国香港特别行政区正式成立，香港的发展从此进入一个崭新的时代。1997 年 7 月 1 日这一天将作为值得人们永远纪念的日子永载史册。

澳门回归祖国

澳门回归，实质上是澳门政权移交的简称，指的是葡萄牙将澳门政权于 1999 年 12 月 20 日移交至中华人民共和国，结束占领澳门之时期一事。

1999 年 12 月 19 日下午，第 127 任澳督韦奇立于澳门总督府进行降旗仪式，拉开了政权移交仪式的序幕。交接仪式场馆在澳门文化中心花园场馆内。1999 年 12 月 19 日子夜，正式的澳门政权移交仪式在宋玉生广场至澳门文化中心花园之间进行。交接仪式以傍晚举行的文艺晚会和官方晚宴为开端，以 12 月 20 日凌晨时分在澳门综艺馆举行的澳门特别行政区成立仪式为结束。

中国申奥成功

北京申奥口号是“新北京，新奥运”。北京申奥标志是一幅中国传统手工艺品图案，即“同心结”或“中国结”，它采用的是奥林匹克五环标志的典型颜色，图案表现了一个人打太极拳的动感姿态，其简洁的动作线条蕴含着优美、和谐及力量，寓意世界各国人民之间的团结、合作和交流。

2001年7月13日傍晚，在莫斯科世界贸易中心召开了国际奥林匹克委员会第112次全体会议，决定2008年第29届夏季奥林匹克运动会的主办城市。经过两轮投票，国际奥委会决定将2008年第29届夏季奥林匹克运动会的主办权授予中华人民共和国的首都——北京。

当国际奥委会主席萨马兰奇宣布这一决定的时候，中华大地沸腾了。亿万华夏儿女无不为之欢呼，为之庆贺。

中国加入世贸组织

世界贸易组织第四届部长级会议于2001年11月9日在卡塔尔首都多哈开幕。由于“9·11”事件及美国对阿富汗的军事打击，此次会议一度酝酿移址举行，但在世贸组织总干事穆尔和卡塔尔方面的坚持下，会议如期举行。世贸组织中国工作组主席吉拉德向大会提交了部长级会议《关于中国加入世贸组织的决定》草案，请大会审议和通过。在没有任何反对意见的情况下，会议主席卡迈勒手起槌落，标志着中国长达15年复关和加入世贸组织的进程结束，宣告了一个历史性时刻的诞生。

北京成功举办奥运会

2008年8月8日至24日，第29届夏季奥林匹克运动会在北京成功举办。北京奥运会是在奥林匹克运动史上留下辉煌一页的体育盛会，来自204个国家和地区的1万余名运动员刷新了38项世界纪录和85项奥运会纪录，多个国家和地区实现奥运会金牌和奖牌零的突破。

作为东道主，中国为举办一届有特色、高水平的奥运会做出了巨大努力，受到了国际社会的高度评价。在此届奥运会中，中国体育代表团共获得51枚金牌、21枚银牌、28枚铜牌，第一次名列奥运会金牌榜首位。

中国人首次实现太空漫步

2008年9月25日晚，我国自行研制的“神舟”七号载人飞船在酒泉卫星发射中心发射升空。9月27日16时41分至17时，航天员翟志刚进行了中国首次太空漫步，并在太空中展示五星红旗。这标志着我国航天事业迎来了一个历史性时刻。28日下午，“神七”返回舱成功在内蒙古四子王旗着陆，3位航天员自主出舱。“神舟”七号载人航天飞行任务获得圆满成功。

“神舟”七号载人航天飞行圆满成功，实现了我国空间技术发展具有里程碑意义的重大跨越，标志着我国成为世界上第三个独立掌握空间出舱关键技术的国家。

中国成功举办世界博览会

2010年5月1日至10月31日，中国上海成功举办了世界博览会。成功举办世博，实现了中华民族百年世博梦想，向世界展示了中华民族五千年灿烂文明，展示了新中国60年特别是改革开放30多年的辉煌成就，展示了我国各族人民为实现全面建设小康社会目标而团结奋斗的精神风貌，增强了全国各族人民的民族自豪感、自信心、凝聚力。

中国共产党成立90周年大会隆重召开

中国共产党成立90周年大会2011年7月1日上午在北京人民大

会堂隆重举行。中共中央总书记胡锦涛在会上发表重要讲话，回顾中国共产党90年的光辉历程和取得的伟大成就，总结党和人民创造的宝贵经验，提出新的历史条件下提高党的建设科学化水平的目标任务，阐述了在新的历史起点上把中国特色社会主义伟大事业全面推向前进的大政方针。他强调，全党同志要牢记历史使命，永远保持谦虚、谨慎、不骄、不躁的作风，永远保持艰苦奋斗的作风，勇于变革、勇于创新，永不僵化、永不停滞，不动摇、不懈怠、不折腾，不为任何风险所惧，不被任何干扰所惑，坚定不移沿着中国特色社会主义道路奋勇前进，更加奋发有为地团结带领全国各族人民创造自己的幸福生活和中华民族的美好未来。

党的十八大胜利召开

2012年11月8日至14日，举世瞩目的中国共产党第十八次全国代表大会胜利召开。2200多名代表来自全国各地，肩负8000多万党员和13亿人民的期望和重托。大会批准了胡锦涛代表第十七届中央委员会所作的报告，批准了中央纪律检查委员会工作报告，审议通过了《中国共产党章程（修正案）》，选举产生了新一届中央委员会和中央纪律检查委员会。这是我国进入全面建成小康社会决定性阶段召开的一次十分重要的大会，是一次高举旗帜、继往开来、团结奋进的大会，党和国家的奋斗历程由此翻开新一页。11月15日，十八届一中全会选举习近平为中央委员会总书记。

第30次南极科学考察队出征

2013年11月7日，中国第30次南极科学考察队踏上为期155天的科考征程。考察队共执行30项站区科学考察和南大洋科学考察项目、15项后勤保障任务。在此次考察中，我国将在南极建立第四个科学考察站——泰山站。“雪龙”号将首次执行环南极考察航行任务，四次穿越西风带，总航程约3.15万海里。